[개정판]

영유아 언어교육

| 이신주 · 모아라 · 이소현 · 이은정 · 최윤지 · 홍은숙 공저 |

양 성 원

머 리 말

언어는 뜻을 전달하기 위한 수단이기 때문에 언어를 사용하는 일차적인 목적은 자신의 뜻을 명확하게 전달하는 것이다. 인간은 출생 이후 말이나 글을 접하게 되고 다양한 상황에서 언어 사용을 경험한다. 이러한 경험들이 어려서부터 내면화되면서 성공적인 언어 사용이 가능해진다. 언어가 가지고 있는 순기능은 표현하고 소통하는 것이다. 즉, 표현이란 자신으로부터 주변 사람과 세상을 향해 전파하게 되는 것을 의미하고, 소통이란 그 표현이 편파적이지 않고 부정적이지 않으며 막힘이 없어 타인과의 관계를 원만하게 하는 것이라고 할 수 있다.

이처럼 인간에게 언어 사용은 삶을 살아가는 데 매우 중요한 도구이기 때문에 언어교육은 다른 영역의 교육보다 더욱더 중요한 의미를 지닌다. 또한 무엇보다 영유아기는 언어가 급속도로 발달하는 시기이다. 그러므로 영유아기 언어교육은 영유아들의 효율적인 의사소통을 위해서 그들의 흥미에 관심을 가지고, 경험을 통한 언어교육이 될 수 있는 환경을 제공하는 것이 중요하다. 즉, 영유아들을 위한 언어교육은 일상생활 속에서 이루어지는 경험과 호기심을 바탕으로 자신이 속한 사회의 언어규칙을 습득할 수 있도록 하는 것이 무엇보다 중요하다고 할 수 있다.

따라서 본 책은 예비유아교사와 교육현장의 교사들이 영유아들의 언어발달을 돕기 위해서 영유아 언어발달에 대한 올바른 이해와 실천적인 지식이 필요하다는 것을 전제로 구성되었다. 이를 위해 영유아의 언어교육에서 다루어야 할 필수적인 내용을 중심으로 총 10장으로 구성하였다. 구체적으로 1장 언어의 이해에서는 언어의 정의, 언어의 특성과 기능, 언어의 구성단위 및 언어교육의 중요성에 대해 기술하였고, 2장 언어의 발달에서는 음성언어발달, 문자언어발달 및 의사소통능력의 발달에 대해 소개하였다. 3장 언어발달의 이론에서는 성숙주의이론, 행동주의이론, 생득주의이론 및 상호작용주의이론에 대해 기술하였으며, 4장 언어교육의 내용에서는 표준보육과정의 언어교육과 누리과정의 언어교육에 대해 소개하였다. 5장 언어교육의 접근법에서는 발음 중심 언어 접근법, 총체적 언어 접근법, 균형적 언어 접근법 및 언어교육 접근법의 비교에 대해 기술하였고, 6장 언어교육의 방법에서는 놀이를 통한 언어교육, 그림책을 통한 언어교육 및 이야기를 통한 언어교육에 대해 소개하였다. 7장 언어교육의 환경에서는 교사-영유아 상호작용, 교사의 발문과 환경구성에 대해 기술하였고, 8장 언어교육의 평가에서는 언어발달 평가의 목표와 방향, 언어발달 평가방법 및 언어발달 인적 지원 환경평가에 대해 소개하였다. 9장 언어발달을 위한 가정연계에서는 영유아의 언어발달에 영향을 미치는 요인과 가정과의 연계를 통한 언어지도에 대해 기술하였고, 10장 언어교육의 실제에서는 언어교육의 궁극적 목적 및 목표에 기반한 교수계획을 위해 언어영역의 내용범주 및 내용, 연령별 세부내용에 대해 자세하게 소개하였다.

끝으로 개정판이 나올 수 있도록 아낌없이 도움을 주신 강철원 양성원 사장님과 꼼꼼하게 교정과 편집을 도와준 직원분들께 감사의 말씀을 전한다. 또한 저자 일동은 향후에도 지속적인 보완을 통해 완성도 높은 교재가 될 수 있도록 끊임없이 노력하겠다고 약속드린다.

2022년 8월

저자 일동

차 례

Chapter 01

언어의 이해

배울내용

1. 언어의 정의
2. 언어의 특성과 기능
3. 언어의 구성단위
4. 언어교육의 중요성

학습목표

1. 언어의 개념과 역할을 이해한다.
2. 언어의 특성과 기능에 대해 안다.
3. 언어의 기본요소와 언어학의 구성요소를 설명할 수 있다.
4. 언어교육의 중요성을 이해한다.

1. 언어의 정의

언어는 인간과 동물을 구분할 수 있는 대표적인 특징 중의 하나이다. 즉, 동물들은 그들의 고착된 본능에서 벗어나지 못한 채 살아가지만 인간은 본능에 머물지 않고 무엇인가 새로운 것을 끊임없이 발견해 내고 개선시켜 나가는 작업을 통해 문화적 발전을 이룬다(홍영덕, 2018). 다시 말해, 인간은 언어를 사용하면서 자신의 감정이나 생각, 느낌을 나타내며 창조적인 생활을 한다. 따라서 언어란 개인과 개인의 상호작용을 매개체로 이용되는 중요한 변인이다. 개인은 대화를 통하여 자신의 의견을 다른 사람에게 전달하기도 하고 다른 사람의 감정과 생각을 이해하기도 한다. 결국 언어가 서로 간의 감정과 사상을 교환하는 의사소통기능을 하기 때문에 인간은 언어를 통하여 상호관계를 맺어가는 것이다(유민임, 오성숙, 2018).

또한 언어는 의사소통의 도구일 뿐만 아니라 인간이 세상을 인식하고 생각할 수 있는 중요한 도구이다. 인간은 언어를 사용하기 때문에 세상을 이해하고 새로운 것을 끊임없이 배울 수 있으며, 주변 세계에 주의를 기울이고, 정보를 받아들여 지각하고, 이해하고, 기억하고, 판단하는 등의 사고를 한다. 이러한 모든 과정은 언어가 인간에게 주어진 가장 소중한 도구이기 때문에 가능하다(이차숙, 2005).

언어에 대한 정의는 학자들마다 다양하다. 국립국어원 표준대사전(2019)에 의하면 '언어란 생각, 느낌 따위를 나타내거나 전달하는 데에 쓰는 음성, 문자 따위의 수단 또는 그 음성이나 문자 따위의 사회 관습적인 체계'로 정의하고 있다. 브라운(Brown, 1965)은 언어를 '제한된 변별력과 기억능력을 가진 피조물로 하여금 소음과 간섭에도 불구하고 무한의 다양성을 가진 전언문을 이해하고 전달할 수 있게 하는 상징들의 임의적인 체계'라고 정의하였고, 브롬리(Bromley, 1988)는 '생각과 정보를 전달하기 위한 상징의 조직적 체계'라고 정의하였다. 브리태니커 사전에는 언어는 '문화를 공유하고 있는 사람들이 서로 의사소통하기 위해 사용하는 구어적 · 문어적 상징체계'라고 정의하고 있으며, 언어는 타인이 이해할 수 있는 소리나 신호 및 상징을 통해 이루어지는 의사소통체계로, 언어발달에는 정보를 보내고 받는 과정이 포함되어 있다고 하였다(유민임, 오성숙, 2018 재인용). 유아교육사전(1997)에 의하면 언어란 '인간이 의사소통의 목적으로 사용하는 음성이나 문자로 나타낸 기호체계'라고 정의하고 있다.

그러나 촘스키(Chompsky)는 언어를 의사소통 수단으로 정의하는 데 반대하면서 언어는 '인간이 가지고 태어난 생득적 언어능력이 주위의 환경을 통해 성숙된 것'이라고 정의하였고, 훔볼트(Humbolt)도 언어를 '의사소통의 단순한 도구라기보다는 정신활동'이라고 주장하였다(김정은 외, 2018).

이와 같이 언어에 대한 정의는 다양하지만 언어는 인간만이 가지는 매우 중요한 수단임은 분명하다. 따라서 언어는 인간의 감정과 생각을 표현하는 상호 소통을 위한 도구이므로 인간이 자신의 감정과 생각을 효과적으로 전달하는 능력과 대상과 상황에 맞게 사용되어야 하는 능력이 함께 포함되어야 한다(남규 외, 2018). 언어에 대한 개념을 정리하면 〈표 1-1〉과 같다(이하원 외, 2012).

표 1-1 언어에 대한 개념

구분	특징
언어는 부호의 표상이다	부호(sign)는 생각이나 사건을 표상(representation)하는 수단이기 때문에 언어는 인간의 사고나 행동을 표상하는 도구이다.
언어는 체계성이다	언어의 최소 단위인 소리는 단어로 조합되고, 단어는 문장을 형성하는데 이러한 형성과정은 일정한 규칙(rule grammar)에 의해 이루어지며, 매우 규칙적이고 과학적이어서 인간은 무한한 문장을 산출할 수 있다.
언어는 약속된 언어이다	언어는 사회에서 용납되어야 하며, 언어를 사용할 때는 언어를 사용하는 사용자의 동의가 있어야 한다. 이는 언어가 사회적 규제를 받는다는 것으로 사회와 시대에 따라 생성, 소멸되거나 변화가 된다는 것이다.
언어는 의사소통 수단이다	언어는 인간 자신의 생각이나 감정을 전달하는 수단이며 타인과의 상호작용하기 위한 도구이다.

언어의 정의에서 밝혔듯이 인간의 언어는 단순히 신호만을 의미하는 것이 아니라 상호 간 의사소통을 뜻하는 것으로, 김은심과 조정숙(2015)은 언어의 개인적 · 사회적 · 학문적 · 문화적 측면에서의 중요한 역할을 〈표 1-2〉와 같이 제시하고 있다.

표 1-2 언어의 역할

구분	역할
개인적 측면	인간은 자기발전을 위한 사고행위를 하며 언어는 이러한 사고작용에 필수적이다.
사회적 측면	언어는 인간과 인간의 만남을 촉진시켜 사회적 관계를 만들어 주는 역할을 하며 협력을 통한 사회발전을 가능하게 한다.
학문적 측면	언어는 학문의 존립과 발전을 가능하게 하는 수단이다. 학문적 탐구과정과 새로운 개념 정립 및 선행연구 업적의 활용은 언어라는 매체를 필요로 한다.
문화적 측면	모든 예술은 언어가 중심적인 역할을 한다. 예를 들어, 언어가 문학으로 표현되었을 때 인간에게 감동을 주어 삶의 질을 한 단계 높일 수 있다. 언어는 문화의 생성뿐 아니라 형성된 문화를 후대에 전달하는 수단이다.

2. 언어의 특성과 기능

1) 언어의 특성

인간은 자신의 느낌이나 생각을 표현하며 생존과 더불어 창조적인 생활을 하기 위하여 언어를 사용한다. 언어는 말소리나 글자에 의미를 결합시킨 상징적인 기호체계이며, 자신의 의사를 다른 사람과 상호 소통하는 수단이다. 이러한 인간이 가지고 있는 언어의 특성은 다음과 같다.

(1) 언어의 이원성

언어는 의미체계와 소리체계가 분리 · 독립되어 있다. 언어는 전혀 다른 소리가 같은 의미를 가질 수 있고, 비슷한 소리가 전혀 다른 의미를 가질 수도 있다. 예를 들어, '먹다'와 '드시다', '먹는 밤'과 '밤하늘의 밤', '먹는 배'와 '교통수단의 배', '우리 몸의 배' 등이 해당된다.

그림 1-1 이원성의 예

(2) 언어의 임의성

언어를 사용하여 의사소통이 가능해지려면 참여하는 구성원들이 동일한 언어를 사용해야 한다. 그러므로 언어란 동일한 사회 구성원들끼리 효율적인 의사소통을 위해 임의로 합의한 상징이라고 할 수 있다(노영희 외, 2019). 모든 언어는 한 문화에 속한 사회 구성원들이 유용하고 적절한 방법으로 의사소통을 하기 위하여 소리와 문자에 의미를 부여하고 있다. 예를 들어, 먹는 사과를 한국에서는 '사과', 영어권에서는 'apple'로 표기하고 발음하는 소리도 다르다. 같은 사물을 지칭하는 용어라도 같은 언어 문화권의 사회 구성원이 아니면 언어만으로는 그 의미를 파악할 수 없다. 또한 같은 문화권이라고 해도 언어의 임의성이 나타난다. 지방의 심한 방언을 잘 알아들을 수 없는 것은 지방 사람들끼리 사용하는 언어의 임의성 때문이다. 예를 들어, 지방의 '힘들다'는 표현이 경상권에서는 '대다', 충청권에서는 '대간하다'라고 사용하기도 한다. 이러한 기호는 시대나 사회 구성원의 약속에 따라 변화한다(서동미 외, 2018).

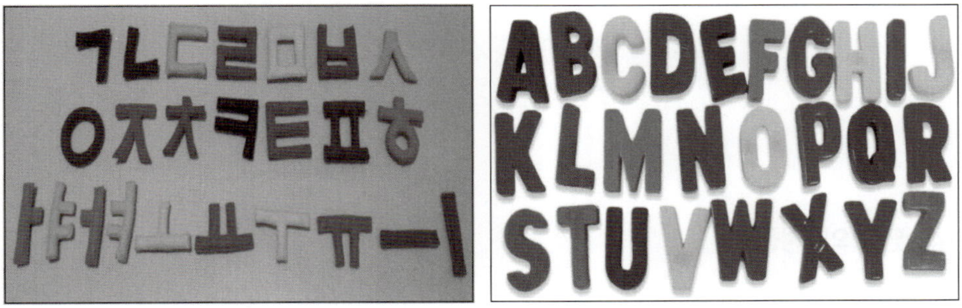

한글(자음과 모음) 영어(알파벳)

그림 1-2 임의성의 예

(3) 언어의 체계성

언어는 일정한 규칙체계에 의해 구성된다. 언어는 순서에 맞게 규칙적으로 그 나름의 구조를 가지고 소리나 글자를 배열한다. 자음과 모음이 결합하여 낱말이 되고, 낱말들이 모여 문장이 형성되는 일련의 규칙이 있으며, 이러한 규칙적인 체계를 문법이라고 한다. 언어가 이러한 체계적인 구조로 이루어지지 않을 때에는 언어로 이해되거나 인정되지 않는다. 그러나 영유아들을 자신이 아는 낱말들을 나열하여 의사를 전달하지만, 그들의 특성상 문법에 맞지 않는 문장들이 많다. 영유아들의 언어는 성장하면서 계속 언어의 체계성을 나름대로 터득하게 되고 결국 자신이 원하는 내용을 복잡한 문장수준의 언어로 표현할 수 있게 된다.

- ㅂ(자음) + ㅏ(모음) + ㄴ + ㅏ + ㄴ + ㅏ = 바나나(단어)
- 나는(주어) 바나나를(목적어) 먹었어요(서술어)

그림 1-3 체계성의 예

(4) 언어의 생산성

음소의 수는 제한되어 있지만 언어는 기본적인 자음과 모음, 철자의 수가 정해져 있다. 언어는 이러한 규칙에 맞게 소리 · 단어 · 문장을 만들어 낼 수 있으며, 제한된 의미의 어휘들을 조합하여 시대적 상황에 따라 무수히 많은 신조어도 만들어 낼 수 있다. 예를 들어, 'ㄱ'과 'ㅏ', 'ㅓ', 'ㅗ', 'ㅜ'와 같은 모음을 조합하여 가, 거, 고, 구 등의 다양한 조합이 생기며, '가'와 '구'의 음절을 합하여 '가구'라는 새로운 단어가 만들어진다. 즉, 언어는 사용하는 사람의 의도와 사회 구성원들의 합의에 따라 무한한 언어를 생산할 수 있다.

(5) 언어의 사회성

언어는 그 언어를 사용하는 사람들과의 상호작용이기 때문에 언어는 사회성을 가진다. 사회 구성원들과 공통된 언어를 사용한다는 것은 구성원들과의 정신적 · 문화적 유대감을 갖게 되는 것을 의미한다. 언어는 다른 사람과의 소통을 위해서 개인이 고쳐서 사용할 수 없다. 예를 들어, '남을 가르치는 분'을 가리킬 때 한국어를 사용하는 사람들은 '선생님'이라고 하고, 영어를 사용하는 사람들은 'teacher'라고 한다.

그림 1-4 사회성의 예

(6) 언어의 가변성

언어는 시간의 흐름에 따라 변한다. 언어는 끊임없이 생성되고, 변화되기도 하고, 사라지고 또 생성되면서 변화된다. 시간이 흐르면서 사회가 변하기 때문에 언어도 역시 함께 변하게 된다. 예를 들어, '미르'가 '용'으로 '미리내'는 '은하수'로 사용되고 있다. 사회가 변화하면서 '인터넷', '스마트 폰' 등 과거에 없었던 용어들도 생겨나기도 하고, 맞춤법은 '~했읍니다'에서 '~했습니다'와 같이 변화되었다. 또한 2011년 '자장면'만 표준어로 인정되었던 것이 '짜장면', '자장면' 모두 표준어로 인정되었고, '먹을거리'에서 '먹거리'와 '먹을거리' 둘 다 표준어로 인정되는 등 사람들이 흔히 사용하는 표현들에도 변화가 생겼다(노영희 외, 2019).

- 소리의 변화 예: '믈'이 '물'로 변함
- 뜻의 변화 예: '어리다'가 '어리석다' 에서 '나이가 적다'의 뜻으로 변함
- 있던 말이 없어진 예: '즈믄'('천'의 옛말)
- 새로운 말이 생긴 예: 인공위성, 핸드폰, 인터넷

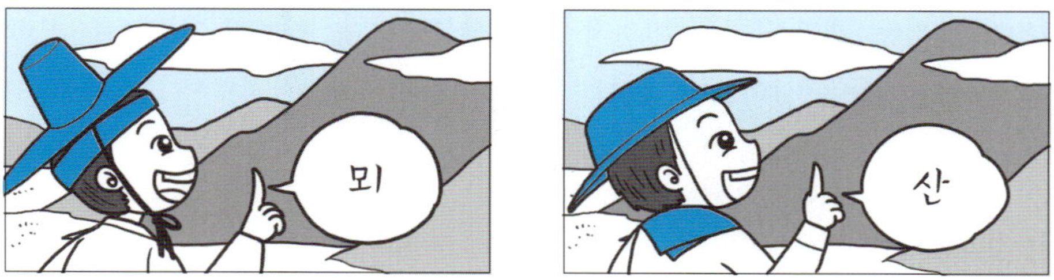

그림 1-5 가변성의 예

(7) 언어의 추상성

언어가 소리와 문자로 표현될 때 그 사물이 가지는 시각적인 특성 등과는 거의 유사성을 가지고 있지 않는 추상성을 가지게 된다. 예를 들어, '사자'라는 낱말은 실제 사자의 모습과 아무런 관련 없이 만들어져 있다. 이처럼 언어는 실제 사물의 특징과는 구체적인 유사성을 갖지 않는 상징체계이다. 그러므로 추상적인 개념을 영유아들이 이해하기에는 어려우며, 사물과 언어를 연결지어 습득하고 이해하는 데에는 많은 시간이 소요된다.

◆ 애플: 사물의 실제 모습과 그것을 지칭하는 글자의 모양은 전혀 관련되어 있지 않다.

그림 1-6 추상성의 예

2) 언어의 기능

영국의 언어학자 할리데이(Halliday, 1975)는 언어의 기능을 도구적 기능, 통제적 기능, 상호작용적 기능, 개인적 기능, 발견적 기능, 상상적 기능, 정보적 기능으로 설명하고 있다. 언어의 기능을 살펴보면 다음과 같다.

(1) 도구적 기능(Instrumental Function)

언어는 자신의 욕구와 소망을 충족시키고 표현하기 위한 수단으로 사용된다. 영유아기에는 자신의 소망을 위해 표현되는 경우가 많으며, '~을 원해요', '~주세요', '~을 하고 싶어요'와 같이 사용되는 언어를 말한다. 도구적 기능이 문자언어로 사용된 경우는 전단지나 광고글, 계산서 등이 있다.

【예】 "물을 주세요", "바깥놀이 하고 싶어요", "엄마 쉬!" 등

(2) 통제적 기능(Regulatory Function)

언어는 자신과 타인의 감정, 태도, 행동을 통제하기 위한 수단으로 사용된다. '~해 주세요'와 같은 언어를 통해 사용되며, 통제적 기능이 문자언어로 사용된 경우는 교통 표지판, 방향 지시판, 교실에서의 규칙 기록, 판결문, 지시문 등이 있다.

【예】 화장실 갈 때 "줄을 서 주세요", "내가 말한 대로 따라해 봐", 교통표지판의 '우선 멈춤' 등

(3) 상호작용적 기능(Interactional Function)

언어는 주변 사람과 사회적 관계를 맺고 형성하는 데 사용된다. 언어는 공적인 관계의 의사소통뿐만 아니라 개인적인 관계형성과 유지하는 기능도 한다. 즉, 다른 사람들과 대화를 나누거나 토론을 하는 것뿐만 아니라 서로 의례적인 인사를 주고받는 것이 상호작용적 기능에 해당된다. '나랑 같이 ~할래?'와 같은 언어들이 상호작용적 기능에 해당하며, 상호작용적 기능이 문자언어로 사용된 경우는 쪽지, 개인적 편지, 메신저 대화, 문자 메시지 등이 있다.

【예】 "나랑 같이 놀자", "미영아 안녕", "나랑 너는 친구야" 등

(4) 개인적 기능(Personal Function)

언어는 자신의 생각이나 감정, 태도를 표현하고 자신의 정체감을 형성하도록 한다. '나는요, 초록색이 마음에 들어', '나는 달리기를 좋아해'와 같은 언어가 개인적 기능에 해당되며, 개인적 기능이 문자언어로 사용된 경우는 일기, 자서전, 신문의 사설 등이 있다.

【예】 "저는 분홍색보다 보라색이 좋아요", "나는 해바라기가 좋아" 등

(5) 발견적 기능(Heuristic Function)

언어는 주변 환경을 탐색하고 지식과 정보를 찾아 문제해결을 위한 수단으로 사용된다. '~는 왜 그래요?', '나는 어떻게 태어났어?', '나뭇잎은 왜 물들어?'와 같은 언어를 표현하며 주변 환경 탐색을 통해 가지게 되는 호기심에 대한 질문들이 발견적 기능에 해당된다. 발견적 기능이 문자언어로 사용되는 경우는 조사하여 보고서 쓰기, 학습일지 유목화하고 분류하기 등이 있다.

【예】 "아기는 어떻게 생겨요?", "바다는 왜 파란색일까?", "비가 왜 와요?" 등

(6) 상상적 기능(Imaginative Function)

언어는 상상의 체계를 창조하거나 이를 통해 자신의 세계를 창의적 활동으로 표현하는 데 사용된다. '~인 것처럼 해보자'와 같은 언어가 상상적 기능에 해당되고, 언어를 통해 가상의 상황, 환경 등을 설정할 수 있으며 상상의 세계는 각 개인의 독특함을 나타내기도 한다. 같은 언어라 할지라도 개인의 경험과 상상능력에 따라 다른 시대, 형상이 그려져 언어 자체는 역동성을 지니게 된다(서동미 외, 2018). 예를 들어, 《공룡들이 사는 나라》는 현실에서 벗어나 공룡들이 사는 나라의 모습을 상상할 수 있도록 도우며, 영유아들이 일상생활에서 경험하기 어려운 가상세계에 대한 상상적 기능을 보여 줄

수 있는 예이다. 상상적 기능이 문자언어로 사용된 경우는 동시, 동화, 연극, 역할놀이, 신체표현활동에서 사용되는 언어 등이 있다.

【예】 "나비처럼 날아보자", "우리 공룡이 되어보자" 등

(7) 정보적 기능(Informative Function)

언어는 다른 사람에게 아이디어나 정보를 전달하고 설명하기 위해 사용된다. '내가 알려줄 것이 있는데~', '할 말이 있는데~'와 같이 언어를 표현하며 정보전달, 개념 설명 등에 대한 것들이 정보적 기능에 해당된다. 언어는 의미를 포함하고 있기 때문에 적절히 사용하려면 의미에 대한 경험이 필요하다. 예를 들어, '놀이동산'에 가 본 경험이 없는 경우 놀이기구에 대한 언어적 표현이 어렵다. 새로운 기술에 대한 개념, 새로운 사물이 개발되었을 때, 새로운 사물의 명명 등은 언어의 정보적 기능이 더욱 중요해진다. 언어의 정보적 기능은 언어를 사용하는 사람들이 언어와 관련된 경험이 많고 깊이가 있는지에 따라 달라진다. 정보적 기능이 문자언어로 사용된 경우는 날짜판, 날씨판, 하루일과표, 교실의 영역표지판, 사전 등이 있다.

【예】 "곰은 겨울잠을 자요", "올챙이가 개구리로 되어요", "뱀은 다리가 없어요" 등

할리데이(Halliday, 1975)에 의하면, 언어의 일곱 가지 기능 중 도구적 기능이 먼저 발달하고 난 뒤 통제적 · 상호작용적 · 개인적 · 발견적 · 상상적 기능이 발달하며, 마지막으로 정보적 기능이 발달하게 된다고 주장하고 있다.

3. 언어의 구성단위

1) 언어의 기본요소

언어의 기본요소는 음소, 음절, 형태소, 단어, 어휘, 구, 절, 문장, 문단으로 구성된다.

(1) 음소

음소(phoneme)는 음운론상 최소의 단위로 더 이상 작게 나눌 수 없는 자음과 모음으로 구성되어 있다. 한글의 음소 개수는 자음 14개, 모음 10개로 구성되어 있으며, 각각의 음소 자체로는 소리를 낼 수 없으며, 다른 음소와 결합을 해야만 소리가 난다.

- **하나 이상의 음소가 모여 소리의 차이를 만드는 기능**

  【예】 '감' =ㄱ+ㅏ+ㅁ / '곰'=ㄱ+ㅗ+ㅁ

  ⇨ 'ㄱ' 과 'ㅁ'의 음소는 같지만 'ㅏ'와 'ㅗ'의 음소가 달라 서로 다른 소리가 난다. 이러한 음소들이 하나 이상 모여 음절을 이룬다.

- **두 낱말의 의미를 구별시켜 주는 변별적 기능**

  【예】 '달' =ㄷ+ㅏ+ㄹ / '딸'=ㄸ+ㅏ+ㄹ

  ⇨ '달' 과 '딸'의 구별은 'ㄷ' 과 'ㄸ'의 변별적인 음소에 의해 낱말의 의미가 달라진다.

(2) 음절

음절(syllable)은 자음과 모음으로 구성된 하나의 완성된 말소리로 음절은 자음만으로 음절을 이룰 수 없고, 반드시 모음이 있어야 한다. 음절은 모음으로만 된 음절, 자음+모음, 모음+자음, 자음+모음+자음으로 이루어진다.

- 모음으로만 된 음절: 아, 야, 오, 요 등
- 자음+모음(받침이 없는 글자): 가, 나, 다, 라 등
- 모음+자음(받침이 있는 글자): 악, 날, 억, 얼 등
- 자음+모음+자음(받침이 있는 글자): 강, 산, 달, 별 등

(3) 형태소

음소가 소리로 나오는 가장 기초적인 단위라고 한다면 의미를 가지고 있는 언어의 가장 기초적인 단위는 형태소이다(김은심, 조정숙, 2015). 형태소는 자립 여부에 따라 자립형태소와 의존형태소로 나뉘며 실질적 의미 성격에 따라 실질현태소와 형식형태소로 나누어진다<표 1-3>.

표 1-3 형태소 구분

구분	내용
자립형태소	다른 형태소 없이 독립적으로 쓸 수 있는 형태소를 의미한다. 명사, 대명사, 감탄사, 관형사 등이 해당된다.
의존형태소	문장에서 독립적으로 사용되지 못하고 다른 형태소에 붙여서 써야 하는 형태소를 의미한다. 동사, 동사-형용사의 어간이나 어미, 접두사, 접미사, 조사 등이 해당된다.

구분	내용
실질형태소	구체적인 대상이나 동작, 상태와 같은 의미를 지닌 형태소를 의미한다. 명사, 동사, 부사, 형용사의 어간, 관형사 등이 해당된다.
형식형태소	실질형태소에 붙어서 말의 문법적 관계나 기능을 나타내는 형태소를 의미한다. 동사, 부사, 접사, 형용사의 어미 등이 해당된다.

【예문】 '희경이가 사과를 먹었다'라는 문장을 통해서 형태소를 구분해보면 〈표 1-4〉와 같다.

표 1-4 형태소의 종류

구분	명칭	의미	예시
자립성 유무	자립형태소	• 독립적으로 쓸 수 있는 형태소 • 명사, 대명사, 감탄사, 관형사 등	희경, 사과
	의존형태소	• 다른 형태소에 붙여서 써야 하는 형태소 • 동사, 동사-형용사의 어간이나 어미, 접두사, 접미사, 조사 등	-이가, -를, -먹, -었, -다
실질적 의미 여부	실질형태소	• 대상, 동작, 상태와 같은 의미를 지닌 형태소 • 명사, 동사, 부사, 형용사의 어간, 관형사 등	희경, 사과, 먹
	형식형태소	• 실질형태소에 붙어서 말의 문법적 관계나 기능을 나타내는 형태소 • 동사, 부사, 접사, 형용사의 어미 등	-이가, -를, -었, -다

(4) 단어와 어휘

단어(word)는 문장을 이루는 기본 단위로서 자립성과 분리성을 가진 말의 최소 단위이다. 최소한 1개 이상의 형태소로 이루어지고, 일정한 뜻을 가진다. 어휘(vocabulary)는 어떤 일정한 범위 안에서 쓰는 낱말의 수효, 또는 낱말의 전체에 사용되는 단어의 집합을 말한다. '음식'의 관련 어휘는 식품, 식사, 점심, 저녁, 음료 등이다(서소정 외, 2018).

- **단어는 문법상 일정한 뜻과 기능을 가지는 말의 최소 단위**
  【예】 유치원에 간다: '유치원', '에', '간다'의 3개의 단어

- **어휘: 일정한 범위 안에서 사용되는 낱말의 집합**
  【예】 과일에 관련된 어휘: 사과, 배, 딸기, 키위 등

(5) 구, 절, 문장 및 문단

구(phrase)는 둘 이상의 단어가 모여 절이나 문장의 일부분을 만드는 것을 말하며, 절(clause)은 주어나 술어를 갖추며 독립적이지 않고 문장의 일부를 이루는 단위를 말한다. 절이 주어와 서술어를 갖춘 두 개 이상의 단어가 통합된 단위임에 비하여 구는 주술관계(主述關溪)가 나타나지 않은 두 단어 이상의 통합체를 말한다.

문장(sentence)은 단어가 문법의 일정한 규칙에 따라 연결된 것으로 사고나 감정을 언어나 글로 표현할 때 내용을 나타내는 최소의 단위이다. 문단(paragraph)은 글의 내용상 끊어서 구분한 하나하나의 토막을 가리키며 단락(段落)이라고도 한다(서소정 외, 2018).

【예문】 '저기 바나나를 먹는 사람이 내 친구야'를 구분해 보면 〈표 1-5〉와 같다.

표 1-5 구, 절, 문장 및 문단

구분	내용
구	저기 바나나를
절	저기 바나나를 먹는 사람이
문장	저기 바나나를 먹는 사람이 내 친구야.
문단	저기 바나나를 먹는 사람이 내 친구야. 저 친구는 사과를 좋아하는데 오늘은 바나나를 먹고 있네. 평소에 얼굴이 예뻐지려면 사과를 먹어야 한다고 이야기했었는데…. 어쨌든 저 친구는 내게 아주 소중한 친구야.

2) 언어학의 구성요소

언어학에서는 언어를 형식(form), 내용(content), 사용(use)의 구성요소로 구분한다. 언어의 형식에 따라 음운론, 형태론, 구문론으로 구분하고, 언어의 내용에 따라 의미론, 언어의 사용에 따라 화용론으로 구분한다. 이를 구체적으로 살펴보면 〈표 1-6〉과 같다.

표 1-6 언어의 구성요소

언어의 구성요소	정의
형식	• 음성학: 말소리체계 • 음운론: 언어의 소리체계 • 형태론: 단어의 내적 조직체계 • 구문론: 언어의 문법체계
내용	의미론: 언어의 의미체계
사용	화용론: 언어의 사회적 상호작용체계

(1) 음성학(Phonetics)

음성학은 사람이 말할 때 어떻게 소리를 내고 말이 어떻게 전달되고 청취되는가를 전문적으로 다루는 분야이다. 음성학은 음성요소에 관련된 지식으로 사람의 음성기관에서 나오는 소리, 발음, 소리의 물리적 성질, 소리의 지각에 대해 연구하는 분야이며 후천적인 교육과 관련이 적다.

(2) 음운론(Phonology)

음운론은 말소리(speech sounds)를 체계적으로 연구하는 분야이다. 즉, 우리가 말하고 듣는 실제적인 물리적 언어음 가운데, 의미를 구별해 주는 음성적인 요소에 관심을 두는 학문이다. 음운론에는 소리의 강약, 억양, 발음 등도 포함된다.

• **초성의 차이로 의미가 달라지는 경우**
【예】 '날', '달', '발', '알'

• **말소리를 산출하는 경우**
【예】 '사'로 시작되는 말이 무엇인지 물을 때 '사자'라고 대답하는 것

• **음운이 서로 결합할 때 발음을 편하게 하기 위해 다른 음운으로 바뀌는 경우**
【예】 '맏이'라도 쓰지만 '마지'라고 읽는 것

(3) 형태론(Morphology)

형태론은 형태소들이 결합하여 단어를 구성하는 형태소에 대한 분석과 이해를 연구하는 분야이다. 형태론에는 형태소, 단어, 어휘 등이 포함된다.

• **단어구조에 대한 인식**
【예】 '동물'과 '동물들' 차이를 인식함

• **문장구조에 대한 인식**
【예】 '안 간다'는 거부의 의미로 '안'을 동사 앞에 붙임을 인식함
→ 유치원에 안 가, 할머니 댁에 안 갈거야

(4) 구문론(Syntax)

구문론은 단어들을 체계적으로 결합하여 문장의 구조나 의미에 맞게 문장으로 구성되는 규칙을 연구하는 분야이다. 구문론은 문장을 구성하는 요소들의 결합과 배열, 요소 간의 상호관계를 대상으로 한다.

- **구문규칙에 따라 단어가 배열되고 문장이 구성됨**

【예】 우리말: 나는 사과를 먹는다(주어+목적어+동사의 순)

영어: I eat a apple(주어+동사+목적어의 순)

(5) 의미론(Semantics)

의미론은 단어의 의미에 기초하여 단어와 문장에서 표현되는 의미를 연구하는 분야이다. 의미론은 단어의 의미나 변화, 언어 사용에서 언어적 또는 비언어적 문맥, 특정 언어의 발화가 적합할 수 있는 조건 등을 다룬다.

- **의미의 이해**

【예】 '좋아해'라는 말을 듣고 누군가 자신을 아끼고 좋아함을 연상함

- **의미 있는 발화의 산출**

【예】 선풍기를 보고 '선풍기'라고 말함

(6) 화용론(Pragmatics)

화용론은 언어의 사회적 상호작용체계와 기능을 다루며 언어의 의미를 언어 사용 맥락 속에서 적절하게 사용하는 방법을 다루는 분야이다. 화용론은 화자와 청자와의 관계, 시간과 장소의 적절성, 효과적인 주제의 선택 등과 관련된 용법과 규칙이 포함된다.

• **문법적 오류가 전혀 없는 문장이라도 어떤 맥락에서 쓰이느냐에 따라 적절성 여부가 달라지는 경우**

【예】 '나랑 같이 놀자'라는 말은 자유선택놀이를 하던 한 유아가 다른 유아에게 이런 말을 했다면 시간, 장소, 상황에 문제가 없는 문장이다. 그러나 회사에서 많은 부서 사람들이 모여 회의를 하는 시간 중에 이러한 말은 적절하지 않다.

• **언어표현의 의미가 그 표현 안에 들어 있는 낱말들의 사전적 의미로만 이해되지 않고, 그 표현이 구체적으로 사용된 맥락 속에서 의미 있는 해석이 이루어지는 경우**

【예】 '우리 엄마는 손이 크다'는 사전적 의미로는 손의 크기가 크다는 의미이지만, 엄마의 행동에 있어서 씀씀이나 베푸는 양이 많다라는 의미로 사용될 수 있다.

4. 언어교육의 중요성

영유아기는 언어가 급속도로 발달하는 시기이다. 그러므로 영유아기 언어교육은 영유아들의 효율적인 의사소통을 위해서 그들의 흥미에 관심을 가지고, 경험을 통한 언어교육이 될 수 있는 환경을 제공해야 한다. 영유아를 위한 언어교육은 이러한 생활 속에서 이루어지는 경험과 호기심을 바탕으로 자신이 속한 사회의 언어규칙을 습득할 수 있도록 해야 하는 것은 더 말할 나위가 없다(이차숙, 2005). 언어교육은 모든 학습과 발달에 필요한 도구적인 성격을 가질 뿐만 아니라 도덕성, 인지, 사회성발달 등 전인발달에도 영향을 미친다. 영유아기 언어교육의 중요성을 살펴보면 다음과 같다.

1) 언어는 의사소통기술을 습득하도록 돕는다

의사소통기술은 수용하기(recetion)와 표현하기(expression)로 나눌 수 있다. 듣기와 읽기는 외부에서 받아들인 음성적 · 시각적 기호를 해석하여 이해하는 수용언어, 말하기와 쓰기는 의미를 전달하기 위한 표현언어이다. 영유아기 언어교육에 있어 이 두 기능은 지식을 습득하기 위한 필수적인 것으로 모든 발달영역을 돕는다.

2) 언어와 사고는 긴밀한 관련성이 있다

현대 학자들은 언어와 사고와의 관계에 대해서는 서로 상이한 주장을 하지만 언어발달이 사고발달에 결정적인 요소가 된다는 것에는 동의를 하고 있다. 다시 말해 언어발달은 곧 사고의 발달이기 때문에 언어는 사고를 발달시키는 중요한 매개체이다.

3) 언어와 성격은 긴밀한 관련성이 있다

영유아기의 언어능력과 의사소통능력은 영유아의 자아개념 획득과 사회적 집단과의 접촉을 통해서 성격형성에도 지대한 영향을 미친다. 영유아들은 언어를 통하여 다른 사람과 상호작용한다. 영유아들이 다른 사람과의 상호작용 속에서 자신의 생각과 느낌을 정확하고 분명하게 전달하는 과정을 통해 자존감과 자아개념형성에 영향을 미친다.

4) 언어는 상상력을 증진시킬 수 있다

상상력은 자신을 둘러싼 세계에 대한 사고를 확장하게 할 뿐만 아니라 영유아들의 언어능력이나 개념을 발달시킨다. 또한 상상력은 영유아들의 문제해결능력을 증진시키며, 창조성을 발휘하게 되고 정신적인 균형을 유지하는 데 도움을 준다.

5) 언어는 사회성발달에 도움을 준다

인간은 자신이 속한 주변 사람들과의 관계를 형성하는 것을 접하게 되고, 집단의 구성원이 되기 위해 노력을 하게 된다. 따라서 언어는 사회적 관계형성을 위한 중요한 도구이다.

6) 영유아기는 뇌발달과 관련이 있다

많은 학자들이 영유아기가 뇌발달에 중요한 시기임을 강조하고 있다. 정상적인 뇌발달은 언어사용을 가능하게 하는 기본 조건이다. 뇌발달은 2세경부터 분화하기 시작하여 12세경이 되면 뇌의 측면화 현상이 끝나기 때문에 뇌발달의 결정적 시기인 영유아기는 언어발달에 있어서 매우 중요한 시기임이 분명하다. 따라서 영유아기 언어교육은 좌뇌와 우뇌의 균형적 발달에 기초한 교육이 필요하다.

7) 언어는 민족적 정체성 확립에 필요한 요소이다

인간은 같은 언어, 같은 문화 속에서 민족의 정체성을 공유한다. 따라서 언어는 민족의 형성과 정체성 확립 및 발전과 더불어 단결력을 강화시키는 중요한 요소이다.

이와 같이 언어교육의 중요성은 영유아기에 있어서 아무리 강조되어도 지나치지 않는다. 특히, 영유아기는 언어발달의 결정적 시기이기 때문에 매우 중요한 위치를 차지하고 있으며, 영유아 언어교육은 중요한 학습영역이라고 할 수 있다(한인규, 2008).

Chapter 02

언어의 발달

배 울 내 용

1. 음성언어발달
2. 문자언어발달
3. 의사소통능력의 발달

학 습 목 표

1. 영유아 음성언어의 연령별 발달특징에 대해 말할 수 있다.
2. 영유아 문자언어의 발달특징에 대해 설명할 수 있다.
3. 의사소통능력의 발달에 대해 이해하고 의사소통능력을 향상시킬 수 있는 방안을 모색해본다.

1. 음성언어발달

영유아는 최초의 언어인 울음으로 시작하여 자신의 의사를 표현한다. 영유아의 음성언어발달은 주위의 소리에 관심을 가지고 영향을 주고받는 사람들과 비언어적 · 언어적 상호작용을 통하여 발달이 이루어진다. 인간의 언어발달단계는 1년 미만의 영아 초기인 언어 이전의 시기와 언어발달 시기, 유아기로 나누어 볼 수 있다.

1) 영아기

영아기 음성언어발달은 시기에 따라 언어 이전의 시기, 한 단어를 말하는 일어문 시기, 두세 단어를 말하는 시기로 나누어 구분할 수 있으며, 자세한 내용은 다음과 같다.

(1) 언어 이전의 시기

출생 후 1년 미만까지를 언어 이전의 시기라고 한다. 이 시기의 영아들은 울음, 미소와 웃음, 쿠잉, 옹알이, 몸짓언어와 같은 다양한 비언어적 소통방식으로 다른 사람과 초보적인 의사소통을 위한 행동을 보인다. 이러한 비언어적 의사소통방법은 언어발달 이전에 나타나서 일부는 이후에도 언어와 함께 사용함으로써 의사소통을 돕는다.

① 울음

울음은 출생과 함께 나타나는 최초의 의사소통 수단이며, 영아에게 울음은 양육자나 다른 사람의 주의를 끌기 위한 매우 강력한 의사표현이다. 신생아가 보이는 처음 울음은 미분화된 울음으로 일종의 숨을 내쉬며 나타나는 반사반응이지만 점차 울음이 분화되어 영아의 울음을 통해 잠이 오는지, 아픈지, 배가 고픈지, 화가 났는지 등을 알 수 있다. 즉, 생후 1개월 이후부터는 서로 다른 울음의 패턴으로 상대방에게 자신의 의사를 전달할 수 있게 되면서 양육자와 보다 정확한 의사소통을 할 수 있다. 영아의 울음은 특성에 따라 세 가지로 구분할 수 있다(서소정 외, 2018).

■ 정상울음

정상적인 울음소리는 영아가 주로 배가 고프다거나 놀아달라고 할 때 우는 방식으로 높낮이가 규칙적이며 숨을 쉴 때 끊어지는 특성을 지닌다. 이때 양육자는 영아와 눈을 마주치며 "배가 고팠구나, 우유 줄게", "기저귀에 쉬 했구나, 기저귀 한 번 볼까", "엄마와 같이 놀고 싶었구나" 등 짧은 대화를 나누는 것이 좋다.

■ 불만울음

불만의 울음소리는 영아가 짜증을 내거나 관심을 끌기 위해서 나타내는 울음으로 소리는 낮고 작으며 칭얼대는 소리처럼 들리는 경우가 많다. 이때 양육자는 영아의 요구에 대답하듯이 "계속 누워만 있어서 힘들었구나", "엄마가 다른 일을 하는 게 싫었구나" 등의 대화를 하면서 영아를 다른 곳으로 옮겨 새로운 자극을 주면서 반응해 주는 것이 좋다.

■ 통증울음

영아가 아프거나 괴로워서 통증을 호소할 때 우는 울음은 먼저 숨을 급히 들이쉰 후 길고 높은 비명을 지르며 일정한 간격을 두고 운다. 이때 양육자는 영아를 편안하게 안고 가볍게 흔들어 주거나 음악으로 달래주는 것이 좋다. 영아에게 "왜 그러니?"하고 묻는 것은 의미가 없으므로 양육자의 안정된 모습으로 영아를 대해야 하며 불안하고 지친 목소리로 대화를 시도하지 않도록 유의해야 한다.

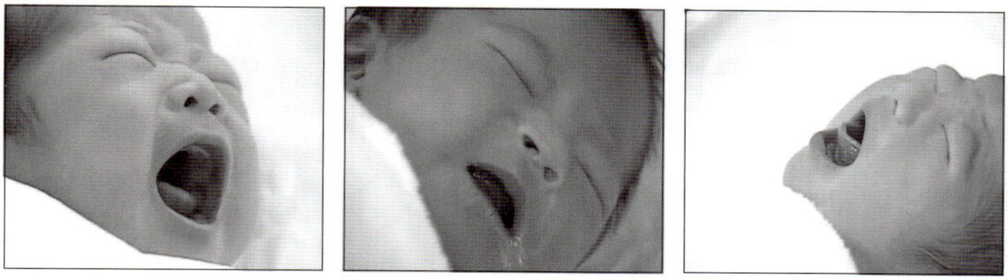

영아는 울음소리를 다양하게 사용하여 자신의 의사를 표현한다.

그림 2-1 울음의 특성

출처: EBS 아기성장 보고서 제작팀(2009). 제4부 언어습득의 비밀. 예담.

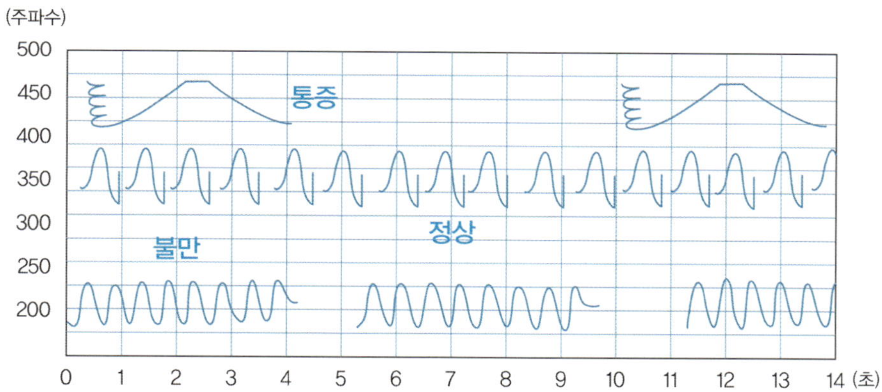

그림 2-2 신생아의 3가지 울음소리 비교

출처: Newsweek(2000).

② 미소와 웃음

태어난 지 며칠이 되지 않은 영아가 미소를 짓거나 잠을 잘 때 미소를 짓는 모습을 흔히 볼 수 있다. 이러한 미소(smiling)는 생리적 자극에 의한 것으로 상황과 관계있는 표현이 아니며 배냇짓이라고 한다. 진정한 미소는 생후 6개월경 양육자가 소리를 내거나 시각적 · 운동적인 자극을 줄 때 나타난다.

웃음(laughing)은 생후 4개월경부터 시작되는데, 깔깔 웃는 웃음소리를 나타낼 수 있다. 까꿍 놀이를 할 때나 예기치 못한 소리를 동반한 놀라는 모습(예: 사진을 찍으며 웃음을 유도하는 행동) 등을 할 때, 영아는 웃음을 야기하는 행동을 기다렸다가 큰 소리로 깔깔거리기도 한다.

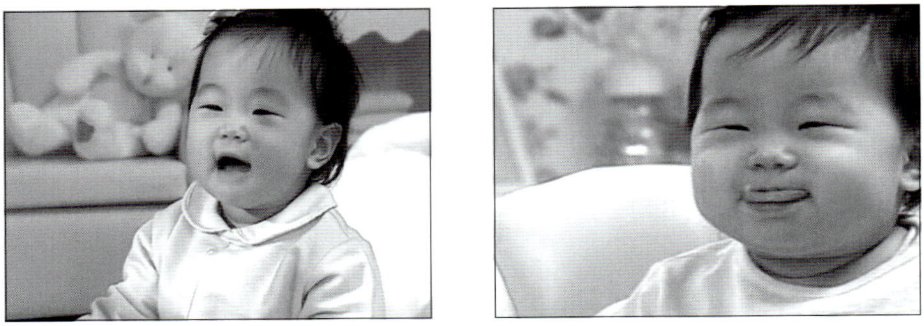

그림 2-3 미소와 웃음

출처: EBS 아기성장 보고서 제작팀(2009). 제4부 언어습득의 비밀. 예담.

③ 쿠잉

쿠잉(cooing sound)이란 생후 1~2개월 사이에 나타나는 영아의 목울림 소리이다. 쿠잉은 대개 기분 좋을 때 나타낸다고 해서 해피 사운드(happy sound)라고도 부른다. 쿠잉은 울음소리와 비슷하지만 울음이 아닌 음성화로 톤이 낮고 날카롭지 않은 소리로 첫 달에 3~4개의 모음소리가 나타나며, 2~3개월이 되면 대부분의 모음으로 나타난다. 초기의 쿠잉은 '아-아-아', '우-우-우' 형태의 주로 모음으로 구성되고, 생후 4~6개월경에는 자음과 모음이 합쳐져 만들어지는 소리로 입 모양을 달리하여 소리를 낸다. 쿠잉을 할 때 영아와 양육자 간의 상호발성이 이루어지는데, 영아가 쿠잉을 하면 양육자가 유사한 소리를 따라서 내고, 그 소리를 또 영아가 쿠잉으로 반응한다. 영아의 이러한 행동은 양육자와의 상호 교환적 의사소통이 시작된다고 볼 수 있다. 영아의 쿠잉 소리에 양육자가 얼마나 적극적으로 반응하는지, 얼마나 기분 좋게 소통하는지에 따라 영아의 발성과 소통에 대한 의지가 결정될 수 있다.

④ 옹알이

옹알이(babbling)는 자음과 모음이 결합된 소리를 반복적으로 나타내는 음성적 행동이다. 옹알이는 대체로 생후 4~6개월 사이에 시작하여 생후 1년이 지나면 점차 감소한다. 이 시기의 영아는 청각 반응에 민감해지면서 자신의 소리를 듣고 스스로 만족을 느끼게 되면서 반복적인 소리를 자주 내게 된다. 옹알이는 음성기관에 결함이 없으면 사회문화적 요인과 관계없이 모든 영아들에게서 나타나기 때문에 언어습득의 보편성을 입증해 주는 근거가 된다(서동미 외, 2018).

처음 옹알이는 '다-다-다', '마-마-마', '바-바-바'와 같은 특정한 음절을 되풀이하며 소리를 낸다. 영아 자신이 낸 소리를 반복한다고 하여 자기 모방(lallation)이라고 부른다. 9~10개월경이 되면 어른의 말소리를 무슨 뜻인지도 모르면서 모방하는데, 메아리처럼 모방한다고 해서 반향적 모방(echolalia)이라고 한다(한유미 외, 2006). 생후 8개월경이 지나면서 옹알이는 발음이나, 음조, 억양 등의 면에서 보다 풍부해지며, 진짜 우리말처럼 소리를 낸다. 실제로 사용되는 언어는 아니지만 어른의 말을 그대로 모방하는 놀이를 통해서 모국어와 비슷한 억양을 말하기도 한다(이지현 외, 2019).

영아의 옹알이는 양육자로 하여금 관심을 받게 하는 소리로 양육자와 영아가 옹알이를 주고받는 것은 대화를 나누는 것과 같다. 옹알이는 주위 환경에서 경험한 소리의 크기, 속도, 높낮이, 빈도에 영향을 받게 되므로 언어발달에 있어서 중요한 자극이 된다. 이러한 옹알이는 양육자와의 상호작용의 중요한 매개체가 되고 사회적인 가치가 있으므로 양육자는 영아의 옹알이에 지속적으로 소리내어 반응해 주는 것이 좋다.

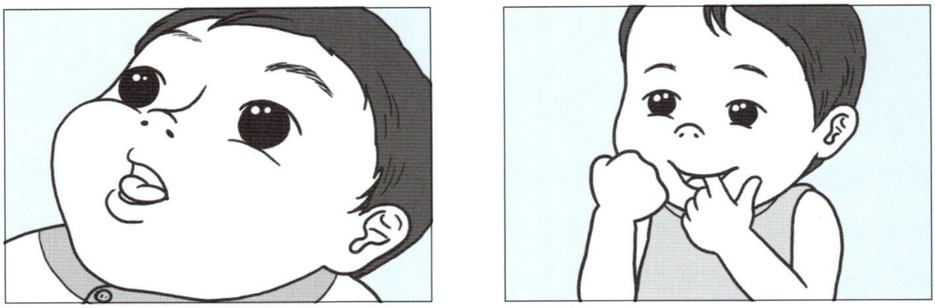

그림 2-4 옹알이

출처: https://blog.naver.com/junga3739.

⑤ 몸짓언어

생후 9~11개월쯤 되면 영아는 몸짓으로 자신의 의사표현을 하는 베이비 사인(baby sign)을 사용한다. 몸짓언어는 생후 1~2년 동안 영아가 상대방과 의사소통하기 위하여 몸짓이나 얼굴 표정과 같은 비언어적인 반응을 나타내는 것이다. 몸짓언어는 타인과 사회·정서적 관계를 형성하는 데 있어 중요한 역할을 하며, 이후의 어휘발달과 밀접한 관련이 있다. 몸짓언어의 유형을 살펴보면 다음과 같다(김영실 외, 2018).

■ 지시적 몸짓

지시적(Deictic) 몸짓은 자신이 원하는 것을 달라고 그것을 가리키는 행동이나 성인의 관심을 끌려고 어떤 사물을 보여 주는 것과 같이 몸짓이 사용되는 맥락과 상황을 알아야 의미를 파악할 수 몸짓을 의미한다. 예를 들어, 먹을 것을 달라는 뜻을 나타내기 위해 입술에 손을 대는 몸짓이나 자신이 원하는 물건을 가리키는 몸짓 등이다. 지시적 몸짓은 처음에는 언어 대신 사용하다가 언어를 보완하는 역할을 하게 된다. 말에 더 많이 의지하게 되는 유아기가 되면 최종적으로 구어에 통합되어 나타난다.

■ 관습적 몸짓

관습적(Conventional) 몸짓은 모든 문화에 보편적으로 나타나는 몸짓이다. 주로 영아 주변의 성인이 사용하는 어휘와 함께 영아에게 몸짓을 시범 보이는 과정을 통해 영아가 알게 된다. 예를 들어, 고개를 끄덕끄덕하는 몸짓이나 양육자가 '안녕 해야지' 하면 손을 흔드는 몸짓 등이 있다.

■ 표상적 몸짓

표상적(Representational) 몸짓은 영아가 표현하고 싶은 것을 영상적으로 표상할 수 있을 때 가능하며, 운동적이거나 행동적인 의사소통이라고 할 수 있다(이지현 외, 2019). 예를 들어, '후후' 부는 동작은 뜨겁다는 속성을 나타내는 것이며, '공'을 나타내기 위해 공을 던지는 시늉을 하는 몸짓, 새를 보고 두 팔을 아래위로 흔드는 동작 몸짓 등이 있다.

그림 2-5 몸짓언어

출처: EBS 아기성장 보고서 제작팀(2009). 제4부 언어습득의 비밀. 예담.

(2) 언어의 발달

만 1세 이후부터는 전언어기에서 언어 출현 시기로 발달하게 된다. 즉, 12개월 정도가 되면 한 단어를 사용하여 의사소통을 할 수 있게 되고, 24개월 정도가 되면 두 단어로 된 문장을 말할 수 있게 된다.

① 한 단어 시기

생후 12개월 전후가 되면 영아들은 첫 단어를 말한다. 이 시기의 영아는 단어 1개를 사용하여 문장 1개와 같은 의미를 전달하기 때문에 일어문(holophrase)이라고도 한다. 예를 들어, '맘마'라는 1개의 단어를 사용하지만 그 의미는 '엄마, 맘마 주세요'의 문장과 같은 의미를 가진다. 처음 말하는 단어는 주로 명사이며, 초기에는 매일 접하는 중요한 사람을 부르는 호칭이나 원하는 사물 이름인 경우가 대부분이다. 그 밖에 '아니', '지지', '싫어', '어부바', '이거' 등 행위를 나타내는 언어나 '주세요', '고맙습니다', '빠이빠이' 등 사회 · 기능적 단어들도 사용한다. 또한 이 시기에 말하는 단어는 맥락과 상황에 따라 여러 가지 의미를 나타낸다. 예를 들어, '엄마'라는 한 단어가 '엄마, 안아 주세요', '엄마, 어디 있어요?', '엄마, 기저귀 갈아 주세요' 등 다양한 의미를 가진다(서소정 외, 2018).

이 시기에는 단어의 의미도 일반적인 의미와 다르게 사용되기도 한다. 모든 성인 남성을 '아빠'라고 부르거나, 네 발 달린 동물을 '개'라고 부르는 과잉확대현상이 나타나며, 자신의 장난감 자동차만 '차'라고 부르거나, 천 원짜리 지폐만 '돈'이라고 하는 과잉축소현상이 나타난다. 그 외 '호랑이'라는 동물은 무서운 사람을 뜻하기도 한다는 것을 깨닫고 자신이 사용하던 '호랑이'의 의미에 덧붙이는 의미의 수평적 발달이 나타나고, 호랑이를 알게 되면 그와 유사한 속성을 지닌 동물을 쉽게 익히고 의미상으로도 범주화할 수 있는 의미의 수직적 발달현상이 나타나게 된다(김영실 외, 2018).

② 두 단어 시기

생후 18개월이 지나면 영아는 단어를 두 단어 또는 두 단어 이상의 언어로 된 아주 초보적이고 문법적으로 불완전한 문장을 사용하기 시작한다. 이 시기는 언어습득 속도가 급격히 증가하는 '언어의 폭발적 팽창기'라고 하며(Goldfield & Reznick, 1990), 두 단어 시기를 언어학적으로 이어문 시기라고도 한다. 이 시기의 대표적인 특징으로 전보식 언어와 주축 문법 등이 나타난다.

■ 전보식 언어

전보식 언어란 조사, 전치사, 접사 등의 문법적 기능을 생략하고 의미를 전달하기 위하여 명사, 형용사, 동사, 부사 등의 중요한 핵심적인 단어들만 사용하여 문장을 구성하는 것이다. 예를 들어, '엄마, 과자(까까) 주세요'라는 의미를 전달하기 위하여 '엄마, 까까'와 같이 말하는 것이다. 이것은 영아의 어휘 수가 제한되어 있거나 성인의 문장을 모방할 만큼 충분하게 기억하지 못하기 때문에 발생할 수 있는 현상이다(조정숙, 김은심, 2001).

■ 주축 문법

주축 문법이란 주축이 되는 단어를 중심으로 단어에 변화를 줌으로써 다양한 표현을 하는 것으로 주축어(pivot word)와 개방어(open word)로 구성된다. 주축어는 앞이나 뒤의 고정된 위치에서 반복적으로 나타나 축의 역할을 하며, 단독으로 혹은 다른 주축어와 함께 사용되지 않고 항상 다른 개방어와 함께 사용된다. 개방어는 주축어에 비해 출현 빈도가 낮은 단어이며, 주축어를 축으로 하여 상황에 맞는 개방어를 덧붙여 사용하게 된다(홍혜경 외, 2017). 예를 들어, '엄마, 가자', '엄마, 물', '엄마, 이거'에서 '엄마'는 주축어가 되고, '가자', '물', '이거'는 개방어가 된다.

표 2-1 주축어와 개방어 구성

주축어	개방어
엄마	까까
엄마	맘마
엄마	이거
엄마	좋아
아빠	좋아
멍멍이	좋아

2) 유아기

2세 이후부터는 유아들의 어휘가 급속도로 증가하면서 성인과 비슷한 문법규칙을 적용하여 문장을 구성할 수 있으며, 언어를 다양한 목적으로 사용하기 시작한다(김정은 외, 2019). 유아기의 주요한 언어기술의 발달을 구문발달과 의미발달영역으로 살펴보면 다음과 같다.

(1) 구문발달

① 문법적 형태소의 순서적 발달

문법적 형태소(grammatical morphemes)는 의미를 나타내는 형태소와 결합하여 문법적 관계를 나타내는 형태소를 의미하며, 한글의 경우 조사와 어미가 대표적이다. 예를 들어, '견우는 공원에 간다'라는 문장에서 '는', '–에', '–는다'가 문법적 형태소에 해당되며, 문법적 형태소와 상대적인 개념인 어휘 형태소는 '견우', '공원', '가'가 속한다. 우리나라 유아 언어에서 문법적 형태소는 공존격 조사, 처소격 조사, 주격 조사, 목적격 조사, 도구격 조사의 순으로 습득하며, 문법적 형태소 유형을 살펴보면 〈표 2-2〉와 같다.

표 2-2 문법적 형태소의 유형

구분	내용
공손격 조사	~랑, 같이, 하고, ~도
처소격 조사	에, 에게, 한테
주격 조사	은, 는, 이, 가
목적격 조사	을, 를
도구격 조사	로, 으로

출처: 김정은 외(2019). 영유아 언어지도. 동문사.

② 문법규칙의 과잉일반화 현상

유아들은 점점 많은 단어들을 사용하여 문장을 구성하면서 문법적 규칙을 적용하는데, 이때 성인이 사용하는 문법과 전혀 다른 문법이 나타나게 된다. 문법규칙의 과잉일반화(overgenralization)는 타당성 있는 언어규칙이 예외가 되는 단어에도 적용되어 생기는 오류를 말한다. 우리나라 유아들뿐만 아니라 전 세계 다른 나라 언어권에서도 나타나는 보편적인 특징이다.

한글에서는 주격 조사로 '~가'와 '~이'를 사용한다. 단어에 받침이 있으면 '~이', 받침이 없으면 '~가'를 붙여서 문장을 구성하는 것이 일반적이다. 하지만 유아들은 주격 조사 '~가'를 먼저 습득한 후 이 규칙을 지키기 위해 '~이' 뒤에 '~가'를 중복해서 사용한다. 예를 들어, '곰이', '벌이'를 '곰이가', '벌이가'처럼 주격 명사의 형태를 무시하고 쓰는 경우를 말한다.

또 다른 경우로 상대방에 대한 존칭을 의미하는 종결어미 '~요'의 과잉일반화로 유아들과의 대화에서 서술격 조사 '~(이)다'의 뒤에 종결어미 '~요'를 붙여서 존댓말로 표현하는 경우이다. 예를 들어, '엄마, 이 장난감 내꺼다요' 등이 해당된다.

02 Chapter 언어의 발달

표 2-3 문법규칙의 과잉일반화

주격 조사 '가'의 과잉일반화	종결어미 '요'의 과잉일반화
선생님이가 이거 줬잖아요.	이거는 어제 아빠가 사준 장난감이다요.
곰이가 낮잠을 잤어요.	아빠 나 저녁에 김치도 먹었다요.

③ 부정문 사용

유아는 처음에 단순히 '안'을 문장 앞에 첨가해 부정문을 만든다. 즉, 부정 형태소인 '안'을 문장 앞에 배치하는 오류를 범하게 되어 '안 김치 먹어', '김치 안 먹어' 등과 같이 부정 형태소의 잘못된 배치와 바른 배치를 혼합하여 흔히 사용하는 경향을 보인다(이하원 외, 2018).

이후 연령이 증가함에 따라 '안'을 사용하는 부정문은 감소하고 '못'을 동사나 형용사 앞에 위치하여 '~하지 못한다'를 사용하는 부정문이 증가한다. 이 단계를 지나게 되면 유아는 문법적으로 정확한 부정문을 사용하게 된다.

표 2-4 부정 표현의 유형과 예

범주	성인	유아
부재	엄마 과자 어디 있니? 아기 어디 있니?	엄마 과자 없다. 아기 없다.
내용	욱진아, 이리와 은정이 몇 살이야? 자동차 탈래?	시러(싫어). 몰라. 안 탈래.
부정	경환아, 빵 맛있니? 토끼야, 어디 해봐.	아니. 토끼 아냐.
금지	양치질 안 해? 사탕 안 먹어?	양치질 하지 마. 다 먹지 마.
무능	자전거 탈 줄 아니?	못 잘 타.

④ 의문문 사용

유아기는 알고 싶은 욕구와 호기심이 최고조에 도달하여 '이게 뭐야?'라는 질문을 끊임없이 하면서 의문을 제기한다(이하원 외, 2018). 의문문은 문장 끝을 올리는 의문형 어미와 의문사를 사용하여 의문문을 만든다. 한글인 경우 '까(이게 뭘까?)', '지(이게 뭐지?)', '냐(이게 뭐냐?)', '니(이게 뭐니?)' 등과 같은 의문형 어미와 '누가', '언제', '무엇을', '왜', '어떻게', '어디서'와 같은 의문사를 모두 사용하여 의문문을 만든다(이화도, 2009).

인과관계에 관한 '왜'나 행위의 도구나 수단에 관한 '어떻게'는 늦게 발달이 되며, 시간개념에 대한 '언제'는 가장 늦게 표현되는 질문의 형태이다(주영희, 2001). 또한 유아는 '나 착하지, 맞지', '이건 맛있는 과자야, 그렇지?'와 같은 문장의 끝에 다시 확인하는 부가의문문을 사용하기도 하는데, 이는 자신의 말에 대한 확증을 요구하는 것이다(이하원 외, 2018).

⑤ 피동문과 사동문 사용

피동문은 문장 주어에 해당되는 사람이 어떤 동작을 당하는 것으로 영어의 수동문에 해당되며, 사동문은 어떤 동작을 시키는 것을 의미한다. '이 바다에서는 물고기가 잘 잡힌다', '코끼리가 밀렵꾼에게 쫓긴다'는 피동문의 동사이다. '아가에게 우유를 먹이다'나 '이 연극은 많은 어린이들을 웃긴다'는 사동문의 동사이다. '이 수레는 이렇게 움직인다'와 같은 피동문과 '엄마 마음을 움직인다'는 사동문에서처럼 동사형태가 같은 경우도 있다. 5세 이전에는 피동문과 사동문을 혼용해서 사용하지만 대체로 사동문을 피동문보다 먼저 사용한다. 왜냐하면 일반적으로 피동문보다 사동문이 쉽기 때문에 사동문을 먼저 습득하기 때문이다(이지현 외, 2019).

표 2-5 피동문과 사동문의 예

피동	사동
아빠가 사고를 당했다.	아빠가 일을 시켰다.
형주가 피자를 먹다.	피자를 형주에게 먹이다.
엄마가 다연이를 안았다.	다연이가 엄마에게 안겼다.

⑥ 복문 사용

복문은 한 문장에 두 개 이상의 절이 있는 것으로 문법적 형태소를 사용하기 시작하면서 복문이 사용된다. 일반적으로 두 개의 절이 나란히 나오는 병렬문(엄마 아파 엄마 약)과 한 개의 명제가 다른 명제에 포함되는 내포문(그거 아빠가 사 준거야)이 있다(이지현 외, 2019).

표 2-6 복문의 예

병렬문	내포문
겨울이 가고 봄이 온다.	이 책은 내가 읽은 것이야.
아빠는 회사에 가시고 엄마는 시장에 가셨어요.	내가 어제 산 책은 동화책이었다.

(2) 의미발달

유아의 언어적 의미발달은 명제적 의미발달과 어휘적 의미발달의 두 절차로 진행된다(김은심, 조정숙, 2011).

첫째, 명제적 의미발달로서 유아가 문장으로 단어들을 조합하는 능력과 함께 진행된다. 이전의 두 단어 시기에 자주 사용하던 각각의 의미관계들(예: 행위자-행위, 행위자-대상)이 따로 나타나지 않고, 보다 큰 단위로 조합되면서 문장의 기본 구성요소(예: 주어-목적어-동사가 있는 문장 등)를 고루 갖추고 있으며, 문장의 의미를 보다 분명하게 표현한다.

둘째, 어휘적 의미발달로서 단어의 의미를 정교화하는 능력과 함께 이루어진다. 유아의 빠른 어휘의 발달과 더불어 이미 알고 있는 어휘들의 의미를 정교화하는 것도 의미발달의 중요한 부분이다. 또한 다양한 관계어들을 익히면서 어휘 자체가 절대적 의미는 없더라도 비교나 관계적 속성을 가지고 있는 비교어들을 익히게 된다.

표 2-7 다어문에서의 의미관계 예

	의미관계	예
1	행위자–목적–행위	아찌 흙 아파.
2	행위자–장소–행위	아빠 학교 가.
3	장소–목적–행위	아빠 전화 하야?
4	행위자–공존자–행위	엄마야 같이 가.
5	공존자–목적–행위	아기야 호미 찾자.
6	공존자–장소–행위	아빠 요 가자.

	의미관계	예
7	행위자–수여자–목적	엄마 아야 하나.
8	수여자–목적–행위	엄마 물 줄까?
9	행위자–수여자–목적–행위	엄마 아가 종이 줘.
10	행위자–장소–목적–행위	고모 요기 코피 나.

출처: 한유미 외(2013). 영유아 언어교육의 이해: 이론과 실제. 학지사.

2. 문자언어발달

문자언어는 언어의 형태 중 수용언어인 읽기와 표현언어인 쓰기에 해당한다. 읽기와 쓰기 발달은 문자언어인 글이나 매체를 통하여 의사소통을 하는 것으로, 일상생활에서 글의 모양과 기능에 대한 규칙을 자연스럽게 이해함으로써 발달해 간다. 일반적으로 문해(literacy)란 읽고 쓰는 것을 의미하며, 최근의 관점은 사회 문화적 환경의 영향을 받아 영유아들이 태어나면서부터 이미 풍부한 문자환경을 접하고 있다는 것이다. 즉, 문해능력은 생애 초기부터 발달하며, 문자언어에 대한 노출이 준비도 개념보다 더 중요하다. 자연스럽게 나타나는 읽고 쓰는 행동인 책이나 문자언어에 대한 관심, 책을 들고 읽는 척하는 모방행동, 끼적이는 행동들을 모두 문해행동으로 본다(서소정 외, 2018).

아직 글을 잘 모르는 영유아라 할지라도 일상생활 환경 속에서 스스로 읽기와 쓰기에 필요한 지식을 능동적으로 구성하므로 풍부하고 다양한 경험을 고려한 환경을 제공해 주어야 한다. 간판, 광고지, 그림책, 과자봉지 등의 환경 인쇄물 또한 영유아들에게 문해환경이 될 수 있으며, 이러한 환경은 글과 글자에 대한 기능과 글자의 구조와 형태에 대한 인식을 가능하게 한다.

문자언어발달을 위한 상호작용은 가정과 지역사회에서 매일의 일상생활에서 일어난다. 음성언어가 출생 직후부터 시작되어 점진적인 과정을 통해 발달되듯이 문자언어 또한 문해경험을 더해감에 따라 발달된다. 따라서 유아에게 문자언어발달을 위한 언어 친화적인 환경을 마련함으로써 문자언어습득이 자연스럽게 이루어지도록 도와주어야 한다.

1) 읽기 발달

(1) 읽기의 개념

읽기의 의미는 두 가지 견해를 가진다. 첫째, 읽기를 해독(decoding)으로 보는 견해로 영유아가 읽는 내용을 이해하기 위해서 단어를 보고 소리 내어 보는 해독이 이루어져야 한다는 것이다. 둘째, 읽기를 글의 의미를 이해하는 것으로 보는 견해로 글을 읽을 때, 효과적으로 글자가 의미하는 것을 이해하는 통찰력을 갖게 된다는 것이다(남규 외, 2018). 따라서 읽기는 문자를 통해 의사소통하는 것으로 글자를 해독하는 것뿐만 아니라 글자에 의미를 부여하고 글에 제시된 의미를 이해하는 과정이다. 주영희(2001)는 읽기에 대한 관점을 〈표 2-8〉과 같이 설명하고 있다.

표 2-8 읽기에 대한 관점

구분	내용
읽기는 문자해독이다.	읽기는 의미구성과정이 아니고 문자기호의 해독과정이기 때문에 글자 해독을 위해서는 문자의 빠른 지각과 정확하게 발음하기를 집중적으로 연습해야 한다.
읽기는 의미가 능동적으로 구성되는 과정이다.	읽기는 글자 자체보다 글에 대한 독자의 가정이나 추측에 의해 능동적으로 의미가 구성되는 과정이다. 독자가 가지고 있는 배경 지식과 경험, 읽기의 의도와 특성에 따라 글의 의미가 달라질 수 있다.

구분	내용
읽기는 의미가 새롭게 구성되는 과정이다.	읽기는 글이 주는 정보의 처리와 독자의 배경 지식 및 경험이 상호보완적으로 작용하여 의미가 새롭게 구성되는 과정이다. 글을 읽는 과정에서 독자는 수동적으로 저자가 전달하고자 하는 메시지를 수용하고 동시에 능동적으로 저자의 메시지와 자신의 경험과 생각을 통합할 수 있는 능력이 있어야 한다.

출처: 서동미 외(2018). 영유아 언어교육. 정민사.

(2) 읽기 발달단계

진정한 의미에서 읽기란 언어를 독자의 경험과 개인구조에 연결시키는 사고과정으로 인간의 이해력과 통찰력을 이용하여 글을 쓴 사람이 전달하려는 글의 의미와 내용을 이해하고 더 나아가 이해한 글의 내용을 실제 생활로 이끌어 내어 서로 통합하고 주위 세계를 새롭게 이해하는 것이다(이지현 외, 2019; Ruddle & Ruddle, 1995; Weaver, 1994). 이러한 읽기 발달은 개개인의 수준이나 문자언어에 대한 관심도 및 문자환경에 따라 개인차가 크다(오선영, 최영해, 2017). 따라서 읽기의 발달수준은 성숙수준과 환경적 경험의 영향에 따라 결정되므로 성숙적 변화를 나타내는 읽기 발달단계의 특성을 고려하고 다양한 경험을 제공해야 한다.

영유아 읽기 발달단계를 학자에 따라 제시하면, 램과 패커(Lamme & Packer, 1986)는 3~15개월 영아의 그림책 읽기 행동 유형에는 발달적 순서가 있기 때문에 부모와 교사는 영아가 시도하는 읽기 행동들을 잘 관찰하고 읽기를 잘할 수 있도록 격려와 지지가 필요하다고 하였다〈표 2-9〉.

표 2-9 영아 읽기 행동 발달단계

시각적 행동	동작적 행동	언어적 행동	정서적 행동
• 3개월: 책을 응시함 • 5개월: 어머니가 손으로 지적하는 것을 추적 • 9~15개월: 부모가 손가	• 8개월 이전: 책을 입에 넣으려고 하거나, 손으로 가볍게 두드리기, 손으로 구겨 쥐려는 행동	• 6개월: 소리 내어 웃기, 싱긋 등 언어적으로 반응하기 시작 • 12개월: 명료해짐	• 5개월 이하: 팔을 치거나 두드림 반응 • 6개월: 엄마 바라보고 웃음

시각적 행동	동작적 행동	언어적 행동	정서적 행동
락으로 지적해 주지 않아도 설명하는 것과 읽는 것과 일치하는 그림을 바라봄	• 12개월: 스스로 그림 지적, 부모는 영아가 지적한 것의 이름을 말하며 반응함	• 15개월: 친근한 이야기에 "뭐야", "이거" 언어 명명 요청, 단어 말하기	• 12개월: 영아가 즐거워하는 책을 읽어달라고 하거나 다른 책을 읽어 달라고 함

출처: 남규 외(2018). 균형적 접근에 기초한 영유아 언어지도. 공동체.

슐즈비(Sulzby, 1985)는 읽기 발달단계를 그림 중심의 읽기와 문자 중심의 읽기에 따라 〈표 2-10〉과 같이 분류하였다.

표 2-10 읽기 발달단계

분류	수준	내용
그림 중심 읽기	이야기 형성 전 수준	가장 미숙한 수준의 읽기 행동으로 그림 명명하기, 그림에 대해 말하기, 그림의 동작 따라 하기 등
	이야기 형성수준	그림을 보고 이야기하기
문자 중심 읽기	문자를 보지 않고 읽기 수준	읽기(문어식)와 이야기하기(구어식)의 읽기가 혼합된 형태로 이야기의 줄거리를 기억에 의존하면서 문어식으로 읽기
	문자를 보며 부분적으로 읽기 수준	글자를 모르기 때문에 읽을 수 없다는 의사를 표현하며, 아는 단어나 글자를 중심으로 부분적으로 읽기
	문자 읽기 수준	정확하게 읽기

출처: 정남미(2015). 유아언어교육. 창지사.

이영자와 이종숙(1985)은 우리나라 3~5세 유아의 책 읽기 행동에 나타나는 읽기 발달단계를 〈표 2-11〉과 같이 제시하였다.

표 2-11 유아 읽기 발달단계

구분	내용
1단계	읽기 이해 단계 하위 1단계: 말없이 그림만 쳐다보기 하위 2단계: 그림을 지적하기 하위 3단계: 그림의 명칭 이해하기 하위 4단계: 그림에 대해 질문하기
2단계	이야기 구성능력 없이 '난 못 읽어요' 같이 의사표현을 하는 단계
3단계	그림을 보고 마음대로 이야기 만들기 단계
4단계	의미가 비슷하게 꾸며 말하기
5단계	단어나 구절을 암기하여 이야기하는 단계 하위 1단계: 책에 나온 글자의 암기를 통하여 50% 이하의 단어나 구절을 사용하여 이야기하기 하위 2단계: 책에 나온 글자의 암기를 통하여 50% 이상의 단어나 구절을 사용하여 이야기하기
6단계	글자를 읽어야 한다는 것을 이해하지만 읽을 줄 몰라 '난 못 읽어요' 같은 의사표현을 하는 단계
7단계	글자를 읽는 단계

이와 같이 영유아 읽기 발달단계를 살펴보면, 처음에는 글자에 주목하고 읽으려 하기보다는 그것이 전달하는 의미에 무게를 두고 이해하다가 점차적으로 글자가 의미를 나타내고 있음을 알게 된다(남규 외, 2018).

2) 쓰기 발달

(1) 쓰기의 개념

쓰기 발달도 읽기 발달과 마찬가지로 점진적으로 발달이 이루어지며 보편적인 단계를 나타낸다(Jalongo, 2000). 쓰기란 문자형태의 상징적 도구를 사용하여 자신의 경험을 이해하고 조직하여 타인에게 전달하는 활동이다. 즉, 쓰기는 다른 사람이 읽을 수 있고, 알아볼 수 있는 문자형태의 상징을 사용하여 자신의 지식, 기술, 인지전략과 인지 과정을 조화시켜 나가는 복잡한 과정이다(박시주, 2002).

영유아들의 쓰기 활동은 처음에 그리기가 포함된 긁적거리기 활동을 통하여 자신의 감정과 생각을 표현하며, 발달 초기의 그리기나 쓰기는 일종의 탐색활동이다. 비고츠키(Vygotsky, 1978)는 긁적거리기 활동은 구어의 기초 위에 이루어지는 시각적 언어이므로 문어의 발달단계로서 긁적거리기가 고려되어야 한다고 하였다. 슐즈비(Sulzby, 1985)는 유아들의 쓰기를 6가지 범주로 분류하고 이것은 발달적 순서에 의한 것은 아니라고 하였다. 유아가 관례적 쓰기를 할 수 있기까지 정해진 위계적 순서를 거치는 것은 아니지만 〈표 2-12〉와 같이 보편적인 형태가 나타난다고 하였다(이지현 외, 2019).

표 2-12 유아 쓰기 범주

구분	내용
그림으로 쓰기 (writing via drawing)	그리기를 해서 쓰기를 하며 그리기와 쓰기를 혼동하지 않고 이해한다. 그리기와 쓰기를 의사소통의 목적으로 사용하며 그림으로 쓰는 유아는 쓰기인 것처럼 그림을 읽는다.
긁적거리기로 쓰기 (writing via scribbling)	긁적거려 놓고 쓰기를 했다고 하며 연필을 사용해서 왼쪽에서 오른쪽으로 긁적거리기도 하고 쓰기도 한다.
글자 비슷한 형태로 쓰기 (writing via making letter-like forms)	쓴 모양이 글자와 비슷하며 관례적이지는 않지만 창의적인 글자형태이다.
낱글자들을 연속해 쓰기 (writing via making letter strings)	유아 자신의 이름처럼 익숙한 글씨를 일렬로 펼쳐서 쓴다. 글자의 순서를 바꾸어 쓰기도 하며 동일한 글자를 다양한 방식으로 쓴다.
창안적 글자 쓰기 (writing via invented spelling)	창안적 글자 쓰기는 유아에 따라서 다양하며 관례적인 철자법을 잘 알지 못하기 때문에 유아 자신의 방식에 따라 창안해서 쓴다. 하나의 낱자가 전체 음절 혹은 하나의 단어로 나타나기도 하고 띄어쓰기도 하지 않는다.
관례적 철자법으로 쓰기 (writing via conventional spelling)	성인들이 쓰는 방식과 유사하다.

영유아의 쓰기 발달을 위해서 일상생활에서 다양한 문해환경을 접할 수 있도록 제공하여 영유아들의 쓰기 활동이 자발적으로 이루어지도록 해주어야 한다. 이를 위해서 영유아들이 접하는 문자는 친숙하며 반복적으로 접할 수 있는 환경일수록 좋다.

클레이(Clay, 1991)는 영유아들이 능숙한 쓰기를 하기 위해서 쓰기의 하위 기능들을 순서대로 익혀가는 것이 아니라 그들의 일상생활에서 문자를 직접 사용하면서 끊임없이 새로운 가설을 만들고 검증하는 과정을 통해 쓰기 발달을 완성해 간다고 하였다. 영유아들의 쓰기 학습원리는 〈표 2-13〉과 같다(서동미 외, 2018).

표 2-13 영유아의 쓰기 학습원리

원리	내용
반복의 원리 (recurring principle)	작은 동그라미나 선 모양을 줄을 따라 반복적으로 그려 놓는다. 글을 얼핏 보면 마치 작은 동그라미나 선 모양이 반복적으로 그어져 있는 것과 같이 보인다.
생성의 원리 (generative principle)	잘 알고 있는 낱자나 잘 쓸 수 있는 몇 개의 낱자들을 여러 가지로 조합해서 반복적으로 쓴다.
기호개념의 원리 (principle of sign concept)	그림, 디자인, 기호의 차이를 인식하고 종이 위에 단어, 아이디어, 정보들을 나타내려고 애를 쓴다. 그림을 그려 놓고 그 아래에 정확하지는 않지만 글자 모양을 그려 놓고 구두로 설명을 덧붙이기도 한다.
융통성의 원리 (principle of flexibility)	유아가 글자의 기본 모양을 가지고 한 번도 본 적이 없는 새로운 글자를 만들어 내며 글자와 말소리와의 관계를 지으려고 애를 쓴다. 이때부터 창안적 글자 쓰기(invented spelling)가 나타난다.
줄 맞추기와 쪽 배열의 원리 (principle of linear and page arrangement)	일명 방향성의 원리라고도 말한다. 글을 쓸 때 줄을 맞추려고 애를 쓰며, 왼쪽에서 오른쪽으로, 그리고 다시 다 쓰고 나면 아래로 내려와서 다시 왼쪽에서 오른쪽으로 쓰기 시작한다.
띄어쓰기의 원리 (principle of spaces between words)	단어와 단어 사이를 띄우는 것을 알게 된다. 때로 그것이 어려워 단어와 단어 사이에 마침표를 찍기도 한다.

(2) 쓰기 발달단계

쓰기 발달은 듣기, 말하기, 읽기와 함께 통합적으로 발달하며, 언어를 구성하는 음소, 형태소, 의미체계, 구문체계, 화용적 체계가 함께 작용하여 발달한다. 쓰기 발달은 일정한 순서로 진행되지 않고 바뀌거나 동시에 여러 개의 발달행동이 출현하기도 한다. 결국 영유아의 쓰기 행동은 한 단계를 거친 후 다음 단계로 발달하면 이전 단계의 행동이 사라지는 것이 아니라 다양한 쓰기 행동이 동시에 이루어지는 발달적 단계를 지닌다(이차숙, 2005). 정남미(2015)는 보편적인 쓰기 발달단계를 〈표 2-14〉와 같이 제시하였다.

표 2-14 영유아의 쓰기 발달단계

단계	쓰기 형태	내용
1단계	낙서하기	약 18개월경 쓰기 도구를 쥐고 휘적거리는 행동으로 이는 말하기의 옹알이와 같이 의사소통을 시도하는 행동으로 볼 수 있다. 낙서하기는 손과 팔을 움직이는 근육운동과 반복운동으로 움직임에 따라 나타나는 표시에 만족감을 느끼게 된다. 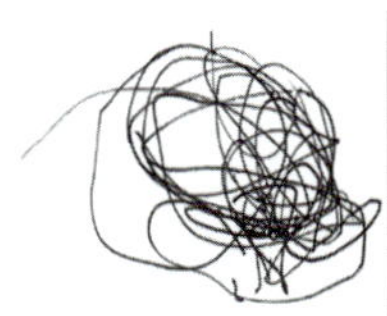
2단계	조절된 낙서하기 • 하위 1단계: 수직선의 출현 • 하위 2단계: 수평선의 출현 • 하위 3단계: 원의 출현	영아가 도구를 쥐고 조절하여 자신이 원하는 곳에 표시할 수 있는 단계이다. 즉, 쓰기 도구의 조절능력이 발달되어 낙서의 형태와 배치가 분명해지며, 자기가 좋아하는 선을 반복해서 그린다. 낙서는 의도적인 쓰기의 표현으로 수직선, 수평선, 원의 순서로 발전하며, 원을 닫을 수 있는 능력은 쓰기 준비도의 중요한 판단 기준이 된다. 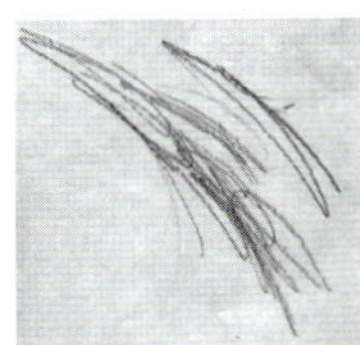  

단계	쓰기 형태	내용
3단계	낙서 명명하기	자신의 낙서에 이름을 붙이며 나름대로의 의미를 부여하는 단계이다. 이러한 낙서의 명명하기는 점차 낙서에 대한 이야기 짓기로 발전하며, 이러한 낙서하기 과정을 통해 쓰기에 필요한 지각운동기술을 연습하게 된다. 또한 이를 통해 쓰기와 차이점을 깨닫게 된다. 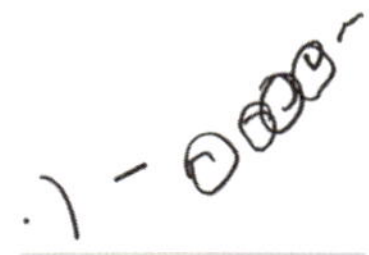 "엄마"라고 쓴 것(박지원)
4단계	한두 개의 자형이 나타나는 단계	영유아의 쓰기에 우연히 한두 개의 글자 모형이 나타나기 시작하다가 점차 의도적인 자형 쓰기를 한다. 
5단계	여러 줄의 글처럼 보이는 쓰기 단계	마치 여러 줄의 글을 쓴 것과 비슷한 쓰기 행동이 나타난다. 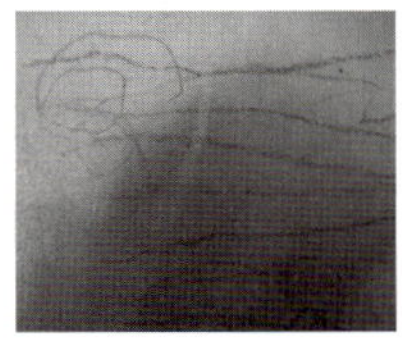
6단계	창안적 글자 쓰기 단계	유아는 인지적 사고과정을 통해 언어적 규칙을 깨닫고 나름대로 독특하고 창의적인 글자 쓰기를 한다. 이때 유아가 쓰는 한 글자는 전체 음절이 되기도 하며, 한 단어를 대표하기도 한다. 따라서 이 단계에서는 한두 글자만 창의적으로 쓰는 행동이 나타난다. 
7단계	글자 쓰기 단계	표준글자 쓰기가 나타나는 단계이다. 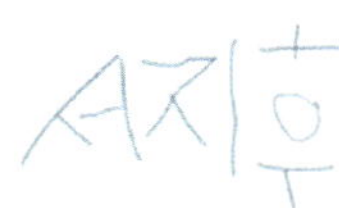
8단계	단어 쓰기 단계 • 하위 1단계: 불완전한 단어 쓰기 • 하위 2단계: 표준 단어 쓰기	불규칙한 크기와 글자 쓰기에서 점차 고른 글자로 다듬어져 간다. 자모음의 방향과 받침이 틀린 불완전한 단어 쓰기에서 완전한 단어 쓰기의 형태로 발전해 간다. 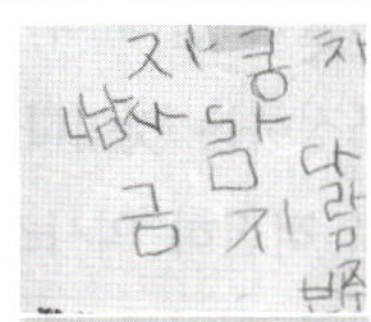 자동차, 사람, 다람쥐반이라고 쓴 것 

Chapter 03

언어발달의 이론

배울내용

1. 성숙주의이론
2. 행동주의이론
3. 생득주의이론
4. 상호작용주의이론

학습목표

1. 영유아기 언어교육에 대한 관점이 교육철학에 따라 어떻게 다른지 살펴본다.
2. 교육철학에 따라 달라지는 영유아기 언어교육의 교육이론과 교육 접근법을 알아본다.

영유아기 언어교육에 대한 교육학자들 간의 논쟁은 20세기 초부터 지금까지 계속되고 있다. 언어는 음성학과 음운론, 의미론, 형태론, 통사론, 그리고 화용론을 포함한다. 영유아기는 언어발달이 이루어지는 중요한 시기로 여러 학문 분야에서 언어학습에 대한 논의가 지속되어 왔다. 즉, 영유아기 언어교육에 대한 다양한 논의가 있어 왔으며 교육철학에 따라 서로 다른 교육방법이 제시되었다. 따라서 본 장에서는 교육철학과 이론에 따라 어떠한 이론이 있어 왔으며 언어교육의 관점과 방법이 어떻게 달라졌는지를 살펴보고자 한다.

1. 성숙주의이론

1920년대 이후 제기된 성숙주의이론에 따르면 아동발달은 이미 정해져 있는 내용과 순서에 따라 일어나는 과정으로 성숙과정에서 연령에 따라 자연스럽게 지식을 습득하여 교육이 이루어진다는 것이다. 즉, 성숙주의적 관점은 영유아발달은 유전적으로 정해진 순서에 따라 자동적으로 이루어지는 과정이라는 진화론적 관점과도 매우 밀접한 관련이 있다.

게젤(Gesell)

성숙주의 관점에서는 영유아의 언어발달에도 단계가 있다고 보아 영유아들이 인지적으로 성숙하기 전까지 문자학습은 적절하지 않으므로 영유아기에는 읽기, 쓰기보다는 듣기, 말하기 중심의 교육이 이루어져야 한다고 주장하였다. 즉, 읽기, 쓰기는 듣기, 말하기와는 다르게 교육에 의해 학습되기 때문에 인지적으로 성숙되지 않은 영유아에게는 적절한 교육이 아니라는 것이다. 성숙주의자들은 읽기가 먼저 발달한 이후에 쓰기가 발달한다고 보았기 때문에 영유아기 문자언어학습의 주요 관심은 읽기에 있었다.

또한 영유아기 동안의 문자언어교육은 학교교육을 위한 준비도(reading readiness)교육이어야 함을 강조하였다. 즉, 읽기 학습을 하기 위해서는 읽기 준비도교육이, 쓰기 학습을 위해서는 쓰기 준비도교육이 선행되어야 한다는 것이다.

읽기 준비도는 신체적, 지각적, 인지적, 정의적, 환경적으로 일련의 기술이며(Hall & Wilson, 1979), 영유아는 읽기 준비도를 먼저 습득하고 성숙이 이루어진 후에야 읽기 교육을 효과적으로 시작할 수 있다고 보았다. 읽기 준비도가 형성되는 시기는 대체로 6.5세(Morphett & Washburme, 1931; 이경화 외, 2003 재인용)로 보았다. 성숙주의에서 교사의 역할은 아동의 각 단계에서 안내하고 도와주는 것이므로, 교사는 각각의 영유아들이 읽기 교육의 준비가 되었는지를 면밀히 검토한 후에 읽기 교육을 실시하여야 한다.

쓰기 준비도 교육을 위해 교사는 주변 환경에 여러 가지 쓰기 샘플을 제시하고 쓰기 도구를 준비하여 영유아들이 자연스럽게 연필을 잡고 쓰기 활동을 하도록 유도할 수 있다. 그러나 교사가 직접 쓰기 모델의 행동을 보이거나 쓰기와 관련하여 영유아와 함께 상호작용을 하지는 않는다. 이 관점에서 교사는 영유아 언어학습을 위해서 풍부한 언어적 환경을 제공해 주어야 하며 영유아가 표현하는 언어에 대해서는 민감하고 즉각적으로 반응을 해주어야 한다(이경화 외, 2003).

환경에 대한 성숙주의의 관점은 영유아의 발달과정에 환경이 중요하기는 하지만 유전적으로 정해진 것은 환경으로 인해 바꿀 수 없다고 주장하였다. 때문에 교사의 역할은 아동의 발달단계에 방해가 되는 환경요소를 제거해 주는 것이다. 즉, 영유아가 성숙하면서 자연스럽게 발현되는 능력을 최대한 활용할 수 있는 환경을 제공하며, 교육활동 과제를 영유아의 발달수준에 맞춰 주는 것이다.

2. 행동주의이론

스키너(Skinner)

1960년대 이후 등장한 행동주의 관점을 따르는 학자들은 영유아의 언어습득은 후천적인 것이며 경험에 의해 이루어지는 것으로 보았다. 행동주의자는 학습을 자극과 반응의 결합으로 보았는데, 대표적인 행동주의자인 스키너(Burrhus Skinner)는 학습자의 특정행동을 변화시키려고 한다면, 그가 어떤 강화를 원하는지 미리 파악하여 학습자가 특정 행동을 했을 때 사전에 준비한 강화를 제공함으로써 변화를 이끌어 낼 수 있다고 하였다. 스키너(Skinner)의 이론은 순차적인 학습을 통해 복잡한 것을 학습하게 된 계기가 되었고, 강화에는 일관성과 개연성이 있어야 함을 밝혔으며, 프로그램 학습으로 개인차 극복에 도움을 줄 수 있다는 것을 검증하여 현대 학교교육에 많은 기여를 하였다.

행동주의이론에 따르면 영유아는 그들이 들은 말의 모방을 통해 언어구조를 배운다. 처음에 영아는 많은 소리를 낼 수 있지만, 9개월경이 되면 모국어에 있는 소리를 주로 발성하게 되는 것도 바로 이러한 이유에서이다. 즉, 영아가 모국어에 있는 소리를 발성할 때만 부모가 영아를 안아 주거나 관심을 보이고 먹여 주는 등의 강화를 제공하기 때문이다. 일단 습득된 행동이 유지되고 증진되기 위해서는 간헐적인 강화만 있으면 된다. 영유아는 어떤 소리를 냈다가 부모로부터 무시당하면, 그 소리를 점점 덜 내다가 결국 내지 않게 된다. 이와 같이 벌 없이 행동이 사라지는 과정을 소거(extinction)라고 부른다(한유미 외, 2022).

이렇게 영유아는 주변 사람들의 말을 듣고 문장과 문장이 아닌 것을 구별하게 되며 문법과 적절한 단어 순서를 학습해 나간다. 우리가 말을 배우는 것은 전적으로 후천적 경험에 의존하며, 우리는 언어경험을 통하여 배운대로 말하는 것이다. 언어능력이란 단순히 언어경험을 통하여 반복적으로 들은 것을 익혀서 그것을 습관적으로 말할 수 있게 된 상태라고 간주한다. 다시 말해 스키너는 영유아가 환경적 언어 자극에 대한 수동적인 수용자로 보았으며 영유아가 자신의 언어행동이나 발달과정에서 능동적인 역할을 할 수 있다는 것에 대해서는 인정하지 않았다(이영자 외, 2018).

행동주의 관점의 언어교육에서도 성숙주의와 마찬가지로 영유아의 언어교육이 단계적인 과정으로 이루어진다고 보아 읽기 · 쓰기 교육보다 듣기 · 말하기 교육을 먼저 습득하도록 하였으며, 듣기 · 말하기 기술을 습득하기 전까지 읽기 · 쓰기 교육을 가르치지 않는 것이 효과적이라고 주장한다. 하지만 성숙주의와의 차이점은 자연적으로 읽기 준비도가 발달하기를 기다리기보다는 영유아들이 읽기 준비도가 이루어지도록 체계적인 교육을 통해 학습을 하여야 한다는 것이다.

행동주의이론에서는 능력보다는 수행을 강조하는데, 교사는 언어교육을 위해 일정한 패턴의 문장을 모델로 제시하고, 교사의 지시에 따라 영유아가 이를 반복해서 따라하게 하거나 어휘를 바꾸어 대답하게 하고 피드백을 제공하는 방식의 언어교육방법을 사용한다. 행동주의 언어교육에서는 자발적인 대화 참여 같은 언어활동은 거의 없는데, 행동주의자들은 행동으로 관찰되지 않는 어떤 능력이나 지식의 존재를 인정하지 않으며 언어행동을 위한 정신적 구성과정은 쉽게 정의내리기 힘들고 측정이 불가능하다고 생각하기 때문이다. 행동주의자들은 언어의 내적 구조를 피하면서 언어의 기능, 언어적 행동을 야기하는 자극, 그리고 언어 수행의 결과에 초점을 둔다.

행동주의자들은 언어발달이 훈련에 의하여 결정된다고 보았기 때문에 쓰기 교육에서도 교사가 자음, 모음, 단어, 문장 등을 써주면 영유아는 이를 베껴 쓰는 것을 반복하는 학습방법을 강조한다. 행동주의자들은 영유아들을 수동적인 존재로 인식하였기에 듣기 · 말하기 · 읽기 · 쓰기 교육에서 반복적인 모방을 통해 학습하도록 하였다. 이런 이유로 행동주의적 관점의 언어교육이 영유아들에게 힘들고 형식적인 것이 되었다는 비판과 영유아의 창조적인 언어표현을 설명하기 어렵다는 지적을 받고 있다.

3. 생득주의이론

촘스키(Chomsky)

생득주의이론은 1960년대에 대두되어 행동주의이론과 반대되는 관점에서 언어습득과정을 설명하고 있다. 즉, 언어발달이 훈련에 의하여 결정된다는 행동주의이론과는 반대로 인간은 태어날 때부터 언어습득능력을 가지고 태어났다는 것이다. 그것은 우리가 태어날 때 이미 손, 발, 얼굴 등 신체요소를 가지고 태어나듯이 언어습득능력도 부모에게 받은 유전적 능력이라는 것이다. 생득주의이론의 대표적인 학자인 촘스키(Noam Chomsky)는 이러한 인간의 언어습득능력을 언어획득장치(Language Acquisition Device: LAD)라고 하였으며, 인간은 언어적 자료가 입력이 되면, 이 언어획득장치(LAD)의 도움으로 모국어의 언어능력을 갖게 된다는 것이다[그림 3-1].

입력		처리		출력
환경으로부터의 정보	▶▶▶	LAD	▶▶▶	언어습득

그림 3-1 촘스키의 언어획득과정

생득주의이론에서는 언어습득능력이 선천적인 것이라는 근거로 〈표 3-1〉과 같이 네 가지 가설을 주장하고 있다.

표 3-1 생득주의이론에서의 언어습득 가설

- 언어습득능력은 후천적인 노력으로는 급격한 변화가 생기지 않는다.
- 언어습득능력과 그 발달과정은 개인차가 없이 보편적이다.
- 언어습득능력과 그 발달과정은 특정 시기에만 나타난다.
- 언어습득능력과 그 발달과정은 인간에게만 적용 가능하다.

첫째, 언어습득능력은 팔, 다리와 같은 우리 신체요소처럼 후천적이고 인위적인 노력으로 급격한 변화가 생기지 않는다는 것이다. 팔, 다리는 우리가 아무리 운동을 하거나 영양제를 먹어도 그리 큰 변화가 나타나지 않는데, 모국어습득능력도 마찬가지로 아무리 노력한다 하더라도 급격한 변화를 나타내지 않는다. 따라서 언어습득능력은 인간의 선천적인 능력이라는 것이다.

둘째, 인간에게 어떤 능력은 개인차가 있고 어떤 능력은 개인차가 없는데, 노래를 부르거나 특정 운동을 할 때는 잘 하는 사람과 못하는 사람이 구분된다. 반면, 장애 등 특수한 경우를 제외하면 인간은 누구나 일정 시기가 되면 부모, 가족, 형제를 알아보고 두 발로 걸으며 우유가 아닌 음식을 먹게 된다. 언어능력 역시 특별한 교육을 하지 않더라도 일정 시기가 되면 목적어와 술어를 구분해서 말하고 문장을 구성하게 되는데, 이러한 능력은 선천적으로 타고나는 것이며 누구나 가지고 태어나는 보편적 능력이라는 것이다.

셋째, 우리는 모국어를 습득할 때는 큰 어려움이 없지만 외국어의 습득에는 많은 어려움을 겪게 되는데, 이는 언어습득능력은 인간발달과정에서 특정시기에만 나타나기 때문이다. 일반적으로 생후 12개월에서 만 12~13세 사이를 언어습득의 적기라고 하며, 이 시기에는 모국어의 습득과정처럼 자연스러운 언어습득이 가능하지만 이 시기가 지나면 새로운 언어를 습득하기 위해 수많은 반복과 연습을 하여야 한다. 따라서 언어습득능력은 인간의 발달에서 특정시기에만 나타나는 선천적인 능력이라는 것이다.

넷째, 인간 언어의 습득은 오로지 인간만이 가능하다는 것이다. 생득주의 입장에서는 아무리 인간에 가까운 영리한 동물이라고 해도 인간과 똑같이 언어를 배우는 능력이 없기 때문에 언어를 인간의 종 특유의 현상으로 본다. 이는 당시 많은 과학자가 영장류에게 인간의 언어를 가르치는 실험을 하였는데, 침팬지의 발성 기제는 인간의 말소리처럼 다양한 소리를 낼 수 없었으며, 수화를 가르칠 경우에도 매우 단순한 어순밖에 학습하지 못했다는 결과가 나왔다(한유미 외, 2022). 이는 반려동물이 인간의 말을 이해하고 앵무새와 같은 구관조가 인간의 말을 따라하더라도 특정 상황을 반복한 결과이거나 단어 몇 마디 흉내 내는 것에 불과하며, 인공지능의 발달로 멀지 않은 미래에 컴퓨터가 인간 언어학습이 가능하다 하더라도 수많은 데이터와 인간 언어습득능력을 분석하고 모방한 결과이지 스스로 언어능력을 가졌다고 보기는 어렵다는 것이다. 따라서 언어습득능력은 오로지 인간만이 가지는 선천적 능력이라는 것이다.

촘스키의 생득주의이론에 의하면, 지구상의 모든 언어는 공통적인 보편문법이 있고, 매개변인에 의해 각 언어의 특성이 구분된다. 여기서 보편문법은 우리가 한국에서 태어났거나 미국 혹은 베트남에서 태어났다 하더라도 모두 쿠잉과 옹알이를 하다가 주어, 목적어, 동사가 구분되는 한 마디 정도의 말을 하게 되는 과정을 겪는데, 이것을 보편문법이라 한다. 영유아기 아동의 놀라운 능력 중 하나는 본능적으로 단어와 단어 사이의 관계를 알며, 관련 있는 단어끼리 분류하고 범주화하는 능력을 가졌다는 것이다. 또한 이 시기의 아동들은 사물을 단순화시켜 한 단어로 표현하는 특성을 지닌다. 이렇듯 보편문법은 누구나 선천적으로 가지고 태어나는 것이다.

이런 단계를 지나면, 매개변인에 의해 동사와 목적어의 어순이 달라지며 각 언어의 특성이 나타나 개별문법을 확립하게 된다. 이러한 능력은 촘스키 역시도 처음부터 가지고 있다고 보지는 않았으나, 보편문법에서 매개변인에 의해 개별문법으로 나아가도록 '프로그램화' 되었다고 보았다. 구체적으로 처음에 영유아는 '나 배고파'와 같이 적은 수의 단어만을 사용해 전체적인 의미를 전달하다가 개별문법이 확립되면서부터는 변형규칙을 사용해 '나 배고프니까 밥 주세요'라든가 '배는 고프지만 밥 말고 빵 먹을래요'와 같이 다양하고 복잡하며 한 번도 들은 적 없는 표현을 사용하게 된다는 것이다. 이렇게 갑자기 다양한 언어를 구사하는 현상을 '단어폭발현상(naming explosion, 18개월경)'이라고도 부른다. 이처럼 언어습득에는 결정적 시기(critical period)가 있으므로(이연섭, 강문회, 1997), 이 시기의 영유아가 어떤 언어적 자극에 노출되는지가 매우 중요하다(류재호, 유구오, 2002).

생득주의이론은 영유아의 언어습득이 생득적인 언어능력에 의해 이루어진다고 보는 이론으로, 특히 문법발달에 대한 행동주의이론의 한계를 극복하는 데 기여했다. 생득주의이론은 확고한 경험적 증거에 기초한 이론이라기보다는 가설적인 이론이지만, 문법발달에 대한 설명과 보편적인 언어발달단계를 개념화하고 언어발달을 돕기 위한 준비도활동을 제공하는 데 기여하였다(정남미, 2007; Machado, 1999).

4. 상호작용주의이론

상호작용주의이론은 구성주의이론이라고도 불리며, 1970년대 중반 이후 광범위하게 수용되고 있다. 상호작용주의 관점에서 발달은 순서가 고정된 일련의 단계에 따라 진행된다는 것이다. 이 점은 생득주의이론과 비슷하지만 다른 점은 한 단계에서 다음 단계로의 진전이 반드시 일어나는 것은 아니며, 다음 단계로의 진전요인은 영유아 내부에 있지만 실제적인 진전 여부는 개체와 환경의 상호작용이 어떠하였는가에 달려있다고 보았기 때문에 상호작용주의이론을 생득주의이론과 행동주의이론의 절충이론으로 보는 견해도 있다.

상호작용주의이론에 따르면, 영유아는 새로운 경험을 했을 때 지금까지 자신이 알게 된 것을 모두 적용시켜본다. 이때 새로운 경험이 영유아가 이미 충분히 알고 있는 것이라면 흥미를 갖지 못하고 지루해하며, 너무 생소하여 현재 지식수준과 동떨어진 경험이라면 낯선 상황에 위축되고 좌절하게 된다고 하였다. 따라서 조금 친숙하면서도 약간은 낯선 경험을 하였을 때 최대의 학습효과가 생긴다고 보았다.

상호작용주의 관점에 의하면 영유아의 언어습득은 의사소통을 하고자 하는 자신의 욕구, 풍부한 언어환경, 타인으로부터의 사회적 · 정서적지지, 의미 있는 타인과의 사회적 상호작용을 통해 촉진 된다(성미영 외, 2022).

상호작용주의이론의 대표적인 학자로는 피아제(Piaget)와 비고츠키(Vygotsky)가 있다. 피아제는 인지가 발달함에 따라 언어가 발달한다는 견해를 가졌고, 비고츠키는 언어와 사고는 서로 독립적으로 발달하다가 2세 즈음에 사고의 언어화와 언어의 논리화가 일어나 인지와 언어가 통합된다고 보았다. 아동의 현재 문법 수준은 타인으로부터 아동에게 주어지는 언어자극과 상호작용한 결과로 나타난 것이다(성미영 외, 2022).

이러한 피아제의 이론을 인지적 상호작용주의이론이라고 하고, 비고츠키의 이론을 사회적 상호작용주의이론이라고 한다. 다시 말해 상호작용주의이론에서는 생물학적 성숙요인과 환경적 학습요인이 서로 영향을 주어 언어발달이 일어난다고 보았는데, 생물학적 성숙요인을 강조한 것이 인지적 상호작용주의이론이고 환경적 학습요인을 강조한 것이 사회적 상호작용주의이론이다.

1) 인지적 상호작용주의이론

인지적 상호작용주의이론의 대표적 학자인 피아제는 영유아의 언어발달 순서를 자기중심적 언어(ego-centric speech)에서 사회적 언어(socialized speech)로 발달이 이루어진다고 보았다. 언어발달이 인지발달과 상징적 기능의 이해에서 기초한다고 본 것인데, 언어는 인간의 일반적인 인지활동의 한 표현일 뿐이며, 인지체계의 발달이 언어적 표현에 선행하는 요소라고 하였다. 즉, 언어를 인지적 성숙의 부산물로 보는 것이다. 예를 들어, 영유아가 '빨갛다', '노랗다'라는 색의 개념을 모른다면

피아제(Piaget)

영유아가 '빨갛다', '노랗다'라고 어른의 말을 따라하더라도 의미가 없는 말이라는 것이다.

이 이론에 따르면, 영유아의 발달단계가 전조작기라면 영유아의 사고단계도 전조작기에 해당되며 영유아의 언어에서도 자기중심적인 전조작기의 발달특성이 나타난다. 영유아가 놀이 중에 다른 대화 상대가 있든 없든 혼잣말을 한다든지, 의사전달 욕구 없이 반복적으로 어떤 단어나 의성어 등을 반복하는 것이 자기중심적 언어의 예이다.

영유아의 발달단계가 구체적 조작기에 이르면, 자기중심적인 언어는 사라지고 청자의 관점을 고려하여 사용하는 언어인 사회화된 언어를 쓰기 시작한다. 사회화된 언어의 예를 들자면, 영유아 상호 간에 흥미 있는 이야기 주고받기, 반박이나 논쟁 형태의 대화하기, 상대에게 명령 · 요구 · 위협하기, 질문과 대답하기 등이 있다(김영실 외, 2006; 임미선, 2018).

피아제는 문법적인 이해의 기초는 촘스키가 주장한 언어획득장치(LAD)에 의한 것이 아니라 감각운동기 동안 이루어지는 지적 능력인 행동적 도식(Schema)에 있다고 하면서 감각운동적 지식이 언어에서의 문법 이해의 기초를 제공한다고 보았다. 영유아의 주위 환경과의 상호작용 속에서 얻는 경험을 중요하게 생각하였으며, 지식을 구성하는 사람이 영유아 자신이라는 점을 강조하였다. 영유아의 능동적이고 직접적인 경험을 중요시한 피아제는 사회적인 상호작용은 중요시하지 않았다. 다시 말해 외부의 가르침은 영유아의 발달에 크게 기여하지 못한다고 본 것이다. 즉, 현재의 발달수준이 학습능력을 결정하는 것이지 학습이 발달을 주도하는 것은 아니라고 하였다(박혜경 외, 2001).

인지적 상호작용주의이론은 몇 가지 한계를 가지고 있는 것으로 평가된다. 즉, 피아제의 이론은 인지발달과 언어발달 사이의 교차점에서 언어가 사고에 미치는 영향을 과소평가하였고, 발달단계에서 사회화된 언어표현의 시기를 너무 늦게 추정하였으며, 인지발달과 언어 성취 간의 인과관계를 충분히 밝히지 못했다는 한계를 갖는다.

2) 사회적 상호작용주의이론

비고츠키(Vygotsky)

사회적 상호작용주의이론의 대표적인 학자인 비고츠키는 영유아의 언어발달 순서를 사회적 언어 → 자기중심적 언어 → 내적 언어로 보아 피아제와는 상반된 견해를 가진다(여기서 사회적 언어는 외적 언어로 남에게 소리 내어 하는 말이며, 내적 언어는 사고와 같이 자기에게 소리 없이 하는 말을 의미함). 처음에는 언어를 사회적 상호작용의 도구로 사용하다가 혼잣말을 한다든지 하는 방법으로 환경과 개인적인 상호작용을 시작한다. 언어가 사회적 상호작용의 도구에서 개인적 사고의 도구로 자기통제의 기능을 하게 되는 것이다.

사회적 상호작용주의이론에서는 학습에 있어 역사적 · 사회적 맥락을 중요시하였다. 영유아의 언어발달은 사회적 경험이 내면화되는 것으로 사회적 경험으로 형성된 사회적 언어는 개인의 언어를 형성해준다고 보았다. 따라서 언어지도 시 정확한 의사소통보다는 사회적 · 문화적 맥락에서 효과적인 의사소통을 강조하고, 영유아의 자발적인 대화나 질문, 문제해결과정에서의 언어적 상호작용을 중요시하였다.

사회적 상호작용주의이론은 언어에는 구조규칙이 있고 언어발달은 문법규칙을 포함한 언어원리의 습득이라는 생득주의자의 주장에 동의함과 동시에, 언어구조습득에서 환경의 역할을 강조하는 행동주의자들의 생각과도 유사하다. 하지만 행동주의나 생득주의에서 말하는 환경은 부모나 교사에 의해 적용받는 수동적인 성격을 가지고 있다면, 사회적 상호작용주의자들은 영유아가 부모나 교사에게 언어발달에 적절한 언어경험을 제공받기 위해 능동적으로 신호를 보낸다고 주장한다. 사회적 상호작용주의자들은 사회적 상황 내에서 단순한 연상과 모방으로 언어발달(언어의 원리습득)이 된다고 본다. 문법구조도 사회적 의사소통을 통해 학습하게 된다고 믿는다.

사회적 상호작용주의이론에 의하면 언어학습은 생물학적 능력에 의해 이루어지지만 영유아의 현재 발달수준에서 기대되는 목표수준에 이르도록 성인의 도움을 필요로 한다. 이렇게 근접발달영역에 접근하여 상호작용하는 것이 언어발달을 촉진시킨다고 믿는다. 사회적 상호작용주의이론에서는 적절한 언어경험을 영유아에게 제공해 줄 성인의 역할을 강조하고 있다.

사회적 상호작용주의의 접근은 사회적 의사소통 시 언어의 기능을 중요시한다. 인간관계에 있어 언어가 담당하는 사회적 의사소통의 기능 때문에 어떠한 형태의 언어구조가 생겨났으며, 형성된 언어구조는 다시 사회적 관계를 더욱 다양하게 하고 세련된 방법으로 이끌어 간다는 것이다. 즉, 인간관계를 지속하기 위해 말을 잘하려고 노력을 하다 보면 말을 유창하게 잘하게 되고, 말을 유창하게 잘하면 인간관계가 더욱 돈독해지고 가까워진다는 것이다.

사회적 상호작용주의이론은 영유아의 언어발달을 위해서는 환경, 특히 사회적 상호관계 내에서의 특수한 경험과 훈련이 필요하다고 보았다. 따라서 적절한 언어경험을 영유아에게 제공해 주는 어머니와 교사의 역할을 강조한다(박혜경 외, 2001).

부모는 영유아의 의사소통을 돕기 위해 특정 단어를 크게 소리 내어 강조하거나, 속도를 느리게 하거나, 반복하거나, 손짓을 하면서 언어와 의미를 짝지을 수 있는 중요한 단서를 제공한다. 이는 영유아에게 보다 나은 의사소통체계를 가지도록 부모가 지지해주는 것이다. 영유아가 미숙한 문장으로 얘기할 때, 부모가 고쳐 말해주기와 같은 상호작용으로 올바른 문장과의 차이를 점차 알게 함으로써 보다 원숙한 문장을 구사할 수 있는 학습이 이루어지는 것이다.

상호작용주의이론은 영유아를 행동주의이론에서 말하는 것과 같이 외부 환경의 자극에 의존하는 수동적인 학습자가 아니라 환경에 대해 능동적으로 반응하는 언어학습자로 인식하도록 하였으며, 언어학습과정에서 사회적 상호작용의 중요성을 일깨우는데 기여하였다(정남미, 2007).

Chapter 04

언어교육의 내용

배 울 내 용

1. 제4차 어린이집 표준보육과정의 언어교육
2. 개정 누리과정의 언어교육

학 습 목 표

1. 제4차 어린이집 표준보육과정 의사소통영역의 목적과 내용을 안다.
2. 개정 누리과정 의사소통영역의 목적과 내용을 안다.

영유아를 위한 국가수준의 보육과 교육과정은 제4차 어린이집 표준보육과정과 개정 누리과정으로 구분할 수 있다. 먼저 제4차 어린이집 표준보육과정은 0~2세 영유아들에게 제공하는 보편적이고 공통적인 보육의 목표와 내용을 제시한 것으로 0~1세 보육과정, 2세 보육과정으로 구성된다. 제4차 어린이집 표준보육과정의 0~1세와 2세 보육과정은 기본생활, 신체운동, 의사소통, 사회관계, 예술경험, 자연탐구의 6개 영역을 중심으로 구성되어 있다. 개정 누리과정은 3~5세 유아를 대상으로 적용되는 공통 교육과정으로 신체운동 · 건강, 의사소통, 사회관계, 예술경험, 자연탐구의 5개 영역으로 구성되어 있다. 제4차 어린이집 표준보육과정과 개정 누리과정에서 언어교육과 밀접한 관련이 있는 의사소통영역을 중심으로 살펴보면 다음과 같다.

1. 제4차 어린이집 표준보육과정의 언어교육

제4차 어린이집 표준보육과정의 의사소통영역에는 0~1세와 2세로 영유아의 연령에 따라 언어교육의 내용을 제시하고 있다.

1) 0~1세 표준보육과정 의사소통영역

(1) 목표

의사소통 영역의 목표는 0~1세 영아가 의사소통 능력의 기초를 형성하는 경험을 하는 것이다. 0~1세 영아가 일상생활에서 다른 사람의 말이나 이야기를 듣고 말하기를 즐기며, 주변의 그림과 다양한 상징에 관심을 갖고 자유롭게 끼적이기에 관심을 갖는 것과 다양한 책과 이야기를 접하며 관심을 가지는 것을 목표로 한다.

표 4-1 0~1세 표준보육과정 의사소통영역의 목표

〈목표〉 의사소통 능력의 기초를 형성한다.
• 일상생활에서 듣고 말하기를 즐긴다. • 읽기와 쓰기에 관련된 관심을 가진다. • 책과 이야기에 관심을 가진다.

(2) 내용

0~1세 영아는 적극적 의사소통자로 비언어와 언어를 이용하여 자신의 생각, 느낌, 감정을 표현하고 상대방의 표현과 반응을 보고 들으며 소통한다. 또한 주변의 그림과 상징에 관심을 갖고, 자유롭게 끼적이기를 즐기며 책과 이야기에도 관심을 갖는다.

의사소통 영역은 일상에서 영아가 자신의 의사를 상대방에게 전달하고, 상대방의 표현을 이해하는 과정에서 다른 사람과 소통하는 다양한 방식을 경험하면서 의사소통의 즐거움을 느끼며 의사소통능력의 기초를 형성하는 것을 목표로 한다.

이를 위하여 교사는 0~1세 영아가 자유롭고 편안하게 자신의 의사를 표정, 몸짓, 옹알이, 말소리, 말, 끼적이기 등 다양한 방식으로 표현할 수 있도록 하고, 책과 이야기에 관심을 갖고 자유롭게 즐기는 것을 지원하도록 한다.

표 4-2 0~1세 표준보육과정 의사소통영역의 내용

내용범주	내용
듣기와 말하기	• 표정, 몸짓, 말과 주변의 소리에 관심을 갖고 듣는다.
	• 상대방의 이야기를 들으면서 말소리를 낸다.
	• 표정, 몸짓, 말소리로 의사를 표현한다.
읽기와 쓰기에 관심 가지기	• 주변의 그림과 상징에 관심을 가진다.
	• 끼적이기에 관심을 가진다.
책과 이야기 즐기기	• 책에 관심을 가진다.
	• 이야기에 관심을 가진다.

2) 2세 표준보육과정의 의사소통영역

(1) 목표

의사소통 영역의 목표는 2세 영아가 듣기, 말하기, 읽기, 쓰기의 의사소통 방식에 관심을 가지고 활용하며, 책과 이야기에서 상상하는 즐거움을 경험하기이다. 2세 영아가 일상생활에서 듣고 말하기를 즐기고, 그림과 문자 상징을 읽고 쓰기에 관심을 가지는 것과 책과 이야기를 즐길 수 있는 경험을 하는 것을 목표로 한다.

표 4-3 2세 표준보육과정 의사소통영역의 목표

〈목표〉 의사소통 능력과 상상력의 기초를 형성한다.
• 일상생활에서 듣고 말하기를 즐긴다. • 읽기와 쓰기에 관심을 가진다. • 책과 이야기에 재미를 느낀다.

(2) 내용

2세 영아는 의사소통 경험을 통해 일상의 기초적인 어휘를 습득하여 구어로 소통하는 능력이 향상되고 상징과 문자를 읽고 쓰며 문어로 소통하는 방식을 경험한다. 의사소통 영역은 자신의 의사를 다른 사람에게 표현하여 전달하고, 상대방의 이야기를 듣고 말하며, 일상에서 읽기, 쓰기와 관련되는 경험에 관심을 가지며 책과 이야기를 즐기고 상상의 즐거움을 가질 수 있는 경험을 하는 것에 목표를 두고 있다. 교사는 2세 영아가 일상에서 자유롭고 편안하게 상대방에게 표정, 몸짓, 말로 의사를 표현하는 기회를 제공하고, 다른 사람과 소통하는 것을 격려하고, 영아가 읽고 쓰는데 관심을 가질 수 있는 다양한 그림과 사물의 상징이 담긴 인쇄물 등을 충분히 제공하며, 책과 이야기에서 자유로운 상상을 즐길 수 있도록 지원한다.

표 4-4 2세 영아를 위한 의사소통영역의 내용

내용범주	내용
듣기와 말하기	• 표정, 몸짓, 말에 관심을 갖고 듣는다.
	• 상대방의 이야기를 듣고 말한다.
	• 표정, 몸짓, 단어로 의사를 표현한다.
	• 자신의 요구와 느낌을 말한다.
읽기와 쓰기에 관심 가지기	• 주변의 그림과 상징, 글자에 관심을 가진다.
	• 끼적이며 표현하기를 즐긴다.
책과 이야기 즐기기	• 책에 관심을 가지고 상상한다.
	• 말놀이와 이야기에 재미를 느낀다.

2. 개정 누리과정의 언어교육

개정된 국가수준 누리과정은 3~5세 유아를 위한 국가 수준의 공통 교육과정으로 유아기의 고유한 특징을 반영하여 유아중심 및 놀이 중심을 강조하고 있다.

1) 누리과정의 성격

누리과정은 「유아교육법」 제13조 제2항과 「영유아보육법」 제29조 제2항에 따라 국가수준에서 고시한 것으로 3~5세 유아를 위한 국가수준의 공통 교육과정이다. 구체적인 누리과정의 성격은 〈표 4-5〉와 같다.

표 4-5 누리과정의 성격

- 국가 수준의 공통성과 지역, 기관 및 개인 수준의 다양성을 동시에 추구한다.
- 유아의 전인적 발달과 행복을 추구한다.
- 유아 중심과 놀이 중심을 추구한다.
- 유아의 자율성과 창의성 신장을 추구한다.
- 유아, 교사, 원장(감), 학부모 및 지역사회가 함께 실현해가는 것을 추구한다.

2) 누리과정의 총론

(1) 누리과정의 구성 방향

① 추구하는 인간상

우리나라의 「교육기본법」 제2조 교육이념과 「영유아보육법」 제3조 보육이념을 바탕으로 누리과정이 추구하는 인간상은 〈표 4-6〉와 같다.

표 4-6 누리과정이 추구하는 인간상

- 건강한 사람
- 자주적인 사람
- 창의적인 사람
- 감성이 풍부한 사람
- 더불어 사는 사람

개정 누리과정은 국가 수준의 교육과정으로서 누리과정이 추구해야 할 교육적 비전으로 추구하는 인간상을 제시하고 있다. 누리과정에서 제시한 인간상은 건강한 사람,

자주적인 사람, 창의적인 사람, 감성이 풍부한 사람, 더불어 사는 사람이며, 이는 미래의 핵심역량을 반영한 초·중등학교 교육과정의 인간상과 연계되어 있다. 이 중 '건강한 사람'은 누리과정에서만 제시된 인간상으로, 일생에서 가장 중요한 신체와 정신 건강의 기초를 형성하는 유아기의 특성을 고려한 것이다. '감성이 풍부한 사람'은 초·중등학교 교육과정에서 '교양 있는 사람'에 해당되지만, 유아기 특성을 고려하여 적절한 표현으로 조정한 것이다.

교사는 유아가 놀이를 통해 인간상을 통합적으로 경험하도록 지원하는 것이 필요하다. 추구하는 인간상은 유아가 일상에서 놀이하며 배우는 현재의 모습에서 발견할 수 있으며 동시에 유아가 앞으로 배우며 성장해 가야할 모습이기도 하다.

② 목적과 목표

누리과정의 목적에서는 유아기의 특성을 반영하여 누리과정이 지향해야 하는 바를 제시하였다. 누리과정의 목적 아래 지시된 목표는 유아가 추구하는 인간상으로 성장하기 위해 필요한 사항을 중심으로 구성하였다.

표 4-7 누리과정의 목적과 목표

목적	목표
누리과정의 목적은 유아가 놀이를 통해 심신의 건강과 조화로운 발달을 이루고 바른 인성과 민주 시민의 기초를 형성하는 데에 있다.	• 자신의 소중함을 알고 건강하고 안전한 생활습관을 기른다. • 자신의 일을 스스로 해결하는 기초능력을 기른다. • 호기심과 탐구심을 가지고 상상력과 창의력을 기른다. • 일상에서 심미적 감성과 문화적 감수성을 기른다. • 사람과 자연을 존중하고 배려하며 소통하는 태도를 기른다.

③ 구성의 중점

누리과정 구성의 중점은 개정 누리과정을 구성할 때, 주요하게 고려해야 할 점을 말한다.

표 4-8 누리과정의 중점

- 3~5세 모든 유아에게 적용할 수 있도록 구성한다.
- 추구하는 인간상 구현을 위한 지식, 기능, 태도 및 가치를 반영하여 구성한다.
- 신체운동 · 건강, 의사소통, 사회관계, 예술경험, 자연탐구의 5개 영역을 중심으로 구성한다.
- 3~5세 유아가 경험해야 할 내용으로 구성한다.
- 0~2세 보육과정 및 초등학교 교육과정과의 연계성을 고려하여 구성한다.

(2) 누리과정의 편성 · 운영

① 기본사항

편성 · 운영은 유치원과 어린이집에서 유아 · 놀이중심 교육과정을 편성하고 운영하기 위해 고려해야 할 공통적 기준을 안내한 것이다.

표 4-9 누리과정 편성 · 운영의 기본사항

- 1일 4~5시간을 기준으로 편성한다.
- 일과 운영에 따라 확장하여 편성할 수 있다.
- 누리과정을 바탕으로 지역과 각 기관의 실정에 적합한 교육계획 또는 보육계획을 수립하여 운영한다.
- 하루 일과에서 바깥 놀이를 포함하여 유아의 놀이가 충분히 이루어지도록 편성하여 운영한다.
- 성, 신체적 특성, 종교, 가족 및 문화적 배경 등으로 인한 차별이 없도록 편성하여 운영한다.
- 유아의 발달과 장애 정도에 따라 조정하여 운영한다.
- 가정과 지역사회와의 협력과 참여에 기반하여 운영한다.
- 교사 연수를 통해 누리과정 운영이 개선되도록 한다.

② 교수 · 학습

교수 · 학습은 유아가 즐겁게 놀이하며 스스로 배울 수 있도록 교사가 지원할 때 고려해야 할 사항이다.

표 4-10 누리과정의 교수 · 학습

• 유아가 흥미와 관심에 따라 놀이에 자유롭게 참여하고 즐기도록 한다.
• 유아가 놀이를 통해 배우도록 한다.
• 유아가 다양한 놀이와 활동을 경험할 수 있도록 실내 · 외 환경을 구성한다.
• 유아와 유아, 유아와 교사, 유아와 환경 간에 능동적인 상호작용이 이루어지도록 한다.
• 5개 영역의 내용이 통합적으로 유아의 경험과 연계되도록 한다.
• 개별 유아의 요구에 따라 휴식과 일상생활이 원활히 이루어지도록 한다.
• 유아의 연령, 발달, 장애, 배경 등을 고려하여 개별 특성에 적합한 방식으로 배우도록 한다.

③ 평가

개정 누리과정에서 평가는 유치원과 어린이집에서 유아가 중심이 되고 놀이가 살아나는 누리과정의 운영을 되돌아보고 개선해 가는 과정이다. 개정 누리과정은 유치원과 어린이집에서 유아 · 놀이 중심 교육과정을 운영하는데 도움이 되고자 평가를 간략화하고 각 기관의 자율적인 평가를 강조하였다. 유치원과 어린이집은 평가의 목적, 대상, 방법, 결과의 활용을 바탕으로 누리과정 평가를 자율적으로 실시할 수 있다.

표 4-11 평가

• 누리과정의 질을 진단하고 개선하기 위해 평가를 계획하고 실시한다.
• 유아의 특성 및 변화 정도와 누리과정의 운영을 평가한다.
• 평가의 목적에 따라 적합한 방법을 사용하여 평가한다.
• 평가의 결과는 유아에 대한 이해와 누리과정 운영 개선을 위한 자료로 활용할 수 있다.

3) 개정 누리과정 의사소통영역의 목표와 내용

(1) 목표

개정 누리과정 의사소통영역의 목표와 내용범주는 유아가 일상생활에서 다른 사람의 말이나 이야기를 듣고 말하기를 즐기며, 주변의 상징을 읽고 글자와 비슷한 형태로 써보기에 관심을 가지며, 다양한 책과 이야기를 통해 상상하기를 즐기는 내용으로 구성하였다.

표 4-12 개정 누리과정 의사소통영역의 목표

〈목표〉 일상생활에 필요한 의사소통 능력과 상상력을 기른다.
• 일상생활에서 듣고 말하기를 즐긴다. • 읽기와 쓰기에 관심을 가진다. • 책과 이야기를 통해 상상하기를 즐긴다.

(2) 내용

유아는 주변 사람들과 소통하며 관계를 맺는 능동적인 의사소통자이다. 유아는 다른 사람의 말을 주의 깊게 듣고 자신의 생각과 느낌을 다양한 방법으로 표현하며 소통하는 것을 즐기고, 책과 이야기에 관심을 갖는다. 의사소통 영역은 유아가 다른 사람과 소통하며, 일상에서 만나는 글자나 상징에 관심을 가지고 책과 이야기를 즐기는 경험과 관련된 내용이다.

교사는 유아가 자신의 느낌과 생각을 적절하게 말하는 경험을 통해 바른 언어생활을 할 수 있도록 돕는다. 또한 유아가 아름다운 우리말이 담긴 책과 이야기에 흥미를 가지고 언어가 주는 재미와 상상을 충분히 즐길 수 있도록 지원할 수 있다.

표 4-13 누리과정 의사소통영역의 내용

내용범주	내용
듣기와 말하기	말이나 이야기를 관심 있게 듣는다.
	자신의 경험, 느낌, 생각을 말한다.
	상황에 적절한 단어를 사용하여 말한다.
	상대방이 하는 이야기를 듣고 관련해서 말한다.
	바른 태도로 듣고 말한다.
	고운 말을 사용한다.
읽기와 쓰기에 관심 가지기	말과 글의 관계에 관심을 가진다.
	주변의 상징, 글자 등의 읽기에 관심을 가진다.
	자신의 생각을 글자와 비슷한 형태로 표현한다.
책과 이야기 즐기기	책에 관심을 가지고 상상하기를 즐긴다.
	동화, 동시에서 말의 재미를 느낀다.
	말놀이와 이야기 짓기를 즐긴다.

Chapter 05

언어교육의 접근법

배울내용

1. 발음 중심 언어 접근법
2. 총체적 언어 접근법
3. 균형적 언어 접근법
4. 언어교육 접근법의 비교

학습목표

1. 발음 중심 언어 접근법의 개념, 특징 및 교수방법을 익혀 영유아 언어교육에 활용한다.
2. 총체적 언어 접근법의 개념, 특징 및 교수방법을 익혀 영유아 언어교육에 활용한다.
3. 균형적 언어 접근법의 개념, 특징 및 교수방법을 익혀 영유아 언어교육에 활용한다.
4. 언어교육 접근법들의 비교를 통해 각 이론의 차이점을 이해한다.

영유아 언어교육 접근법은 과거에서 현재까지 발음 중심 언어 접근법, 총체적 언어 접근법, 균형적 언어 접근법의 흐름으로 변화하였는데, 각 접근법의 개념, 특징 및 교수방법에 대해 구체적으로 살펴보면 다음과 같다(전유영, 2011).

1. 발음 중심 언어 접근법

1) 개념

발음 중심 언어 접근법은 행동주의이론에 기초를 둔 언어교육 접근법으로 자·모 체계, 자소·음소(글자와 말소리)의 대응관계, 철자법에 대한 지식의 적용방법을 설명과 지시, 반복훈련을 통해 교사 중심으로 직접 가르치는 접근법이다(Harris & Hodges, 1995; Wortham, 1998). 즉, 인간의 발달에서 외적 요인을 강조하며 외적 경험의 단계적 배열에 의해 인간행동을 바람직한 방향으로 변화시킬 수 있다고 보는 행동주의 관점에 근원을 두고 출현한 이론이다.

행동주의이론은 영유아의 언어발달은 성숙에 의한 것이기보다는 영유아의 주변 환경에 의해 결정된다고 본다(Skinner, 1957). 이러한 관점을 바탕으로 발음 중심 언어 접근법에서는 영유아가 환경에 수동적인 존재이기 때문에 언어교육 교수방법을 과학적으로 조직해주어야 유아가 문자를 해독하는 데 필요한 사전기술을 습득할 수 있다고 강조한다. 또한, 이 접근법을 지지하는 학자들은 영유아가 언어를 학습하기 위해 언어모델을 모방하고 선택적으로 강화, 반복, 연습하는 경험이 필요하며, 이를 통해 언어행동의 습관화가 이루어질 수 있다고 주장한다(주영희, 2001). 따라서 읽기나 쓰기를 위해 필요한 기술들을 반복적으로 제공하고 연습하는 것을 매우 중요한 요인으로 본다.

2) 특징

발음 중심 언어 접근법의 목적은 글자를 바르게 부호화(encoding)하고 해독(decoding)하도록 하는 것이다. 즉, 글자를 처음 배우는 영유아들에게 읽기의 가장 기초적인 지식과 기술들을 습득하게 하여 모르는 글자를 접해도 쉽게 읽고 쓸 수 있게 하려는 것이다. 읽기를 잘 하려면 발음 외에도 많은 지도가 필요하므로 발음 중심 언어 접근에 의한 지도가 완벽한 읽기 지도라고 할 수는 없지만, 글자를 처음 배우는 유아들의 경우 일정기간 동안 먼저 자·모체계나 조합원리를 습득하게 하여 낱말 해독방법을 알게 해야 한다고 주장한다[그림 5-1].

소리구조(소릿값)와 문자구조를 1:1로 대응시킴

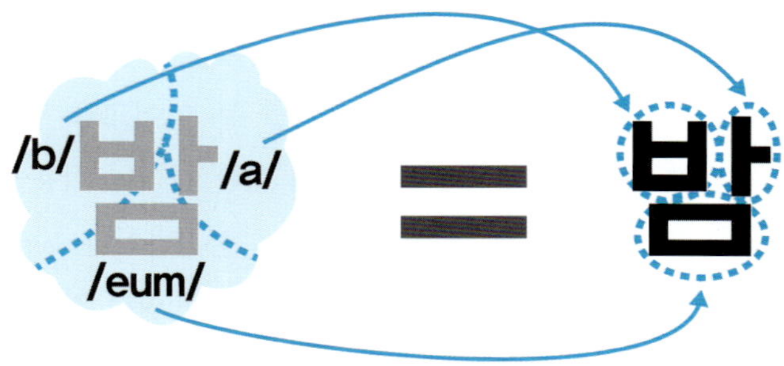

그림 5-1 발음 중심 언어 접근법의 예

글자와 말소리의 관계를 이해하고 처음 접하는 낱말들을 해독하기 위해서는 음운인식(phonological awareness)이 가능해야 한다. 음운인식은 낱말을 나타내는 말소리를 식별하고, 그 소리들을 조합하여 낱말을 만들 수 있다는 것을 인식하고, 낱자들을 조합, 분절, 탈락, 삽입, 대체할 수 있는 능력을 의미한다(이차숙, 2007). 발음 중심 언어 접근법의 언어교육에 대한 기본 가정은 언어는 분리될 수 있고, 측정될 수 있는 부분들로 합쳐져 전체 언어를 구성하므로 언어학습도 부분에서 전체의 방향으로 가르치는 것이 가장 효과적이라는 것이다. 이 접근법을 지지하는 학자들은 언어학습이 반복적인 자극과 강화를 통해 소리(sound), 낱말(word), 문장(sentence) 순으로 이루어지며, 언어발달은 음성언어가 문자언어보다 먼저 이루어진다고 본다(이경화 외, 2009). 학자들은 영유아가 말하기를 배우고 음성을 들으면서 의미를 이해해가는 음성언어의 발달은 자연스러운 과정이지만, 이 과정에서 글자를 읽고 쓰는 문자언어의 발달은 자동적으로 이루어지지는 않으므로, 직접적인 지도가 이루어져야 한다고 주장한다. 발음 중심 언어 접근법에서는 언어의 가장 기초인 음운지식을 다 익힌 후에야 효율적인 읽기·쓰기 학습이 가능하다고 본다. 그러므로 음운지식을 습득하기 전에는 본격적인 읽기를 유보해야 하고 읽기 학습이 이루어진 후에 쓰기를 실시해야 효율적인 학습이 된다고 본다(이경화 외, 2009).

3) 교수방법

발음 중심 언어 교수법의 주요 쟁점은 언제부터 발음 중심 읽기 지도를 시작하느냐의 문제와 얼마나 직접적인 방법으로 글자와 말소리의 관계를 가르쳐야 하느냐의 문제이다. 발음 중심 언어 교수법을 주장하는 사람들은 읽기를 가르치기 시작하는 처음부터 글자와 말소리의 관계를 가르칠 것과 가르치되 암시적인 방법이 아니라 매우 직접적인 방법으로 체계적으로 가르쳐야 한다고 주장한다. 또한, 영유아의 동기를 생각하면서 필요한 요소들을 가르칠 수 있으며, 여러가지 재미있는 방법으로 가르쳐야 한다고 주장하고 있다(이대균 외, 2018). 발음 중심 언어 접근법의 교수방법은 〈표 5-1〉과 같다(이경화 외, 2009; 이영자, 2009; 이지현 외, 2009; 전유형, 2011; 한유미 외, 2006).

표 5-1 발음 중심 언어 접근법의 교수방법

- 글자의 올바른 해독과 부호화에 기초하여 읽기 · 쓰기 교육을 한다. 읽기나 쓰기에 대한 동기유발이나 태도는 그리 중요하지 않다.
- 위계적이고 반복적인 훈련으로 읽기 · 쓰기가 숙달되게 한다. 위계적인 기능학습을 강조하므로 이를 지도하기 위해 글의 작은 단위에서 시작하여 큰 단위로 진행되는 상향식 접근(bottom-up approach)을 채택한다[그림 5-2]. 여기에서 문자언어학습의 방향은 낱자의 습득에서 시작하여 낱말, 문장, 이야기 순으로 진행된다. 유아가 글자를 말소리로 바꾸어 읽을 수 있도록 자 · 모체계를 가르치고, 글자를 해당 말소리로 바꾸어 해독할 수 있도록 지도한다.

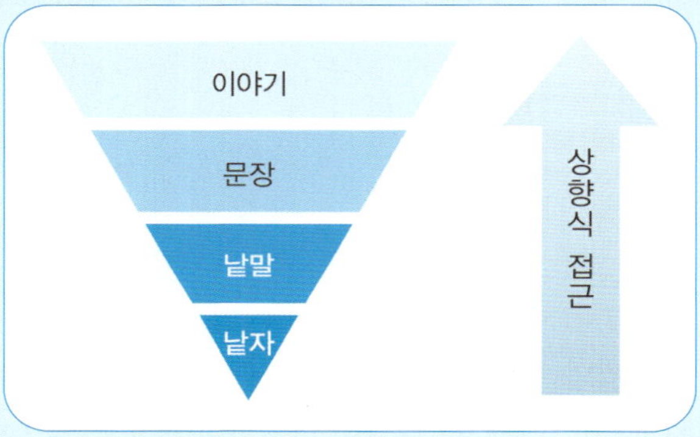

그림 5-2 발음 중심 언어 접근법의 상향식 접근

- 글자-말소리의 대응원리를 강조하며 자 · 모음자의 결합원리, 낱자와 소리의 대응, 낱자 이름 알기, 음소 인식하기, 낱자의 음가 알기, 음소의 대치, 탈락 등과 같은 지도에 중점을 둔다.
- 쓰기 교육은 듣기와 말하기 지도가 충분히 이루어지고 읽기를 학습한 이후에 실시한다. 영유아의 쓰기 준비도에는 왼손과 오른손의 차이 학습, 왼쪽에서 오른쪽으로 눈을 옮겨가며 보기, 크기나 모양의 차이점과 공통점 알기, 공간관계의 이해, 방향 개념, 물체의 관계와 위치에 대한 이해, 눈과 손의 협응력, 쓰기 목적에 대한 이해 등이 포함된다. 이와 같은 쓰기의 준비가 갖추어지면 글자 베껴 쓰기, 반복적 쓰기, 예쁜 글씨와 맞춤법 교육을 시키며 점차 어려운 낱자와 낱말을 쓰고, 평가를 위해 받아쓰기를 한다.
- 교사가 학습을 계획하여 알려주는 성인 중심 교수법을 사용한다. 문자언어학습을 위해서는 무엇보다도 단계적인 교수계획이 중요하며 적절한 모델링과 강화를 통한 직접적인 교수방법이 가장 효과적이라고 본다. 또한 개별 영유아의 동기나 적성에 관심을 두지 않기 때문에 주로 대집단 교수활동이 이루어진다.
- 평가는 주로 성인 중심의 획일적인 표준화 평가가 이루어진다. 읽기나 쓰기의 과정보다는 결과물을 중심으로 평가하며, 결과물이 성인수준의 표준적(관례적) 수준에 도달하였는지 여부를 판단한다.

〈표 5-1〉과 같은 방식으로 이루어지는 발음 중심 언어 접근법의 장·단점을 살펴보면 〈표 5-2〉와 같다.

표 5-2 발음 중심 언어 접근법의 장·단점

구분	내용
장점	• 이론적인 근거나 구체적인 지식이 없어도 교사가 활동에 적용하기 쉽다. • 교수방법이 구체적이어서 교사들이 쉽게 적용 가능하다. • 자소와 음소의 대응규칙을 체계적으로 지도할 수 있다. 이 과정에서 철자에 유의하게 되므로 맞춤법 학습과 바른 글자 쓰기 지도에 도움이 된다. • 습득한 규칙을 활용하여 새로운 낱말을 읽고 쓸 수 있으므로 학습전이가 높다. • 글자를 처음 배우는 유아나 읽기에 어려움을 경험하고 있는 초등학교 저학년에게 효과적이다.
단점	• 너무 분석적이고 논리적인 접근이기 때문에 유아들이 언어규칙을 배우는 데 어려움을 느낄 수 있다. • 생활경험의 맥락에서 벗어난 반복적 읽기, 베끼기를 통해 학습의 흥미유발을 저해할 수 있다. 이처럼 글의 의미보다는 문자 자체에 더 큰 관심을 가지므로 낱자나 낱말 읽기가 가능해도 의미 파악이 불가능한 경우도 발생한다. 자소-음소의 대응이 지나치게 강조되어 받침 있는 음절이나 연음이 되는 낱말 읽기에 오히려 어려움이 따를 수 있다. • 획일적인 방법으로 연습시키므로 학습자의 경험이나 특성은 고려되지 못한다.

발음 중심 언어 접근법은 언어교육을 시작하는 처음 시기부터 언어적인 기술을 논리적이고 체계적으로 가르칠 필요가 있다는 것은 설득력이 있지만 실제로 영유아에게 지루하고 무의미한 반복이라는 부작용은 언어교육방법에 대한 변화를 요구하게 되었고, 이로 인해 등장하게 된 것이 총체적 언어 접근법이다.

2. 총체적 언어 접근법

1) 개념

총체적 언어 접근법은 언어의 최소 단위를 낱자로 보는 발음 중심 언어 접근법과는 달리, 영유아에게 언어를 전체적으로 의미를 이루는 덩어리(whole language)로 제시하는 것이 효과적이라는 관점을 언어교수 방법이다. 총체적 언어 접근법은 1970년대의 발음 중심 언어 접근법이 영유아의 흥미와 무관한 교육이라고 문제점을 느낀 현장 교사들에 의해 대안적 방식으로 출현한 접근법이다. 영유아교사들은 기존의 언어교육의 관념을 깨는 새로운 언어교육의 필요성을 인식하여 영유아의 생활경험과 밀접하게 관련 있고 흥미 있는 언어교육환경을 만들고자 총체적 언어 접근법을 시도하게 되었다. 이는 교육현장에서 교사들이 직접 체험하고 관찰한 바에 의한 실제에 바탕을 둔 전문적인 이론이라 할 수 있다(Edelsky, Altwerger, & Flores, 1991).

구성주의와 상호작용주의이론에 근거한 총체적 언어 접근법에 대한 이해는 발음 중심 언어 접근법과 상반된다고 보면 훨씬 쉽게 파악할 수 있다. 즉, 발음 중심 언어 접근법이 탈상황적이고 글자의 최소 단위에서 시작하여 반복하는 학습이라면 총체적 언어 접근법은 영유아가 의미 있는 상황에서 학습자의 흥미와 욕구를 중심으로 문장구성의 의미를 습득하는 것을 중요하게 생각하는 접근법이다.

2) 특징

총체적 언어 접근법은 기능적이고, 자연스럽고, 실제적이고, 의미를 강조하는 언어교육이다(이차숙, 2007). 총체적 언어 접근법에서는 단순히 철자를 읽어내는 것이 중요한 것이 아니라 언어를 통해 타인과 원활하게 의사소통하고 다른 사람들의 글을 읽으며 글쓴이의 사고를 이해하고 이에 대한 자신의 생각을 글로 표현하는 것을 강조한다. 즉, 언어를 단순한 상징으로 보는 것이 아니라 인간의 사고를 표현하는 의미의 과정으로 본다(이영자, 이지현, 2009). 총체적 언어 접근법의 특징은 〈표 5-3〉, 기본적인 가정은 〈표 5-4〉와 같다.

표 5-3 총체적 언어 접근법의 특징

- 전체적인 의미의 통합을 뜻하는 것으로, 언어를 하나의 분절된 낱글자로 접근하는 것이 아니라 전체적인 의사소통의 측면에서 접근한다.
- 언어영역의 통합을 의미하는 것으로 듣기, 말하기, 읽기, 쓰기가 따로 발달하는 것이 아니라 동시에 통합적으로 이루어지도록 한다.
- 교과의 통합을 나타내는 것으로, 언어교육은 모든 교과들과 통합하여 가르쳐야 한다.
- 관점의 통합을 뜻하는 것으로, 총체적 언어 접근법은 언어에 대한 관점, 교사와 학습자에 대한 관점, 학습의 관점을 통합해주는 하나의 방식이다.

표 5-4 총체적 언어 접근법의 가정

- 영유아는 출생 시부터 문해능력이 발달하는데, 각 연령마다 다른 방식으로 발달한다. 또한 문자언어는 음성언어와 마찬가지로 사회적 의사소통을 위한 자연스러운 방법으로 학습되며 읽기 발달과 쓰기 발달은 통합적으로 이루어진다.
- 영유아의 언어능력발달을 위해 단독 접근이나 프로그램을 사용하는 것은 적절하지 않다. 상업화된 제품이든 형식적이지 않은 프로그램이든 문해습득을 위한 유일한 접근법은 없다.
- 영유아의 생활 속 양육자, 부모 그리고 다른 또래들 문해발달에 참여할 때 가장 가치 있다. 영유아의 문해발달에 참여한 성인들은 학습을 조절하는 대신 상호작용, 관계 맺기, 공유하기 그리고 문해를 지지하기 위한 피드백을 제공한다.
- 언어에서 읽기와 쓰기는 학습되기 위한 과목이라기보다는 환경과 삶의 의미를 만들고 생각하기 위한 도구이다.
- 어린 시기부터 풍부한 문자언어환경이 주어진다면, 영유아는 자신이 주도하여 문자언어에 대한 지식을 스스로 구성할 수 있다.

3) 교수방법

총체적 언어 접근법에서 언어학습은 작은 단위, 즉 음소나 낱자에서 배우기 시작하여 문장이나 이야기를 배우는 것이 아니라 의미 있는 큰 부분을 이해하고 싶은 욕구와 자신의 사전 정보에서 출발하여 언어를 예측하고 수정하면서 영유아 스스로 작은 단위까지 배우도록 해야 한다는 것을 강조한다. 총체적 언어 접근법의 교수방법은 〈표 5-5〉와 같다(이영자, 2009; 이지현 외, 2009; 전유영, 2011; 한유미 외, 2006).

표 5-5 총체적 언어 접근법의 교수방법

- 영유아의 말과 글은 결코 완벽할 수 없음을 인정하고 초기의 문법적 오류를 고치려고 강요하지 않는다. 따라서 창의적이고 도전적인 언어 사용이 가능하도록 한다.
- 언어교육은 교실 내에서의 경험뿐 아니라 교실 밖의 생활과도 통합하여 가르친다. 영유아는 실생활에서 듣기, 말하기, 읽기, 쓰기를 경험하면서 그것의 표준적 사용을 자연스럽게 배울 수 있다. 이때 영유아에게 음성 언어적 기술은 문자언어학습에 영향을 주기 때문에 말하고 들을 수 있는 기회를 많이 준다.
- 문자언어학습의 방향은 전체 이야기에서 문장, 낱말(단어), 낱자의 순으로 나아가는 하향식 접근법을 취한다[그림 5-3]. 하향식 접근은 문자언어의 언어적 규칙성보다는 읽기와 쓰기의 활용적인 면을 더욱 강조하므로 지도의 초점은 글자의 소리와 모양이 아닌 의미라고 할 수 있다.

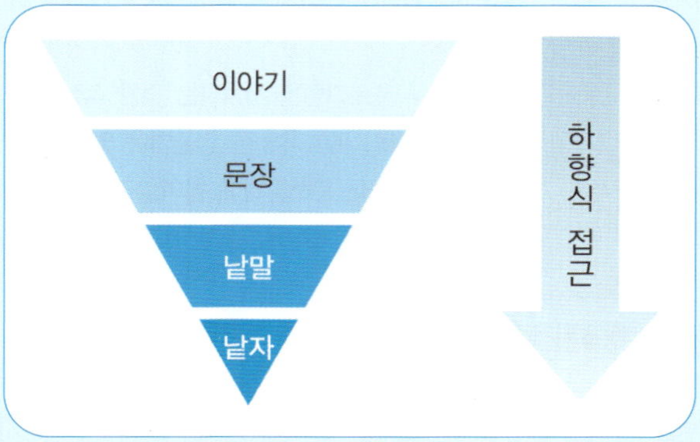

그림 5-3 총체적 언어 접근법의 하향식 접근

- 문자언어학습은 의미 있는 맥락에 근거해야 하며, 내적 동기를 이용해야 한다. 문자언어학습은 자연스러운 총체적 언어학습의 연장이므로 기능적이며, 실제적이고 관계가 있는 것이어야 한다.
- 영유아에게 그림책과 이야기책을 많이 보여 주고 읽어주며, 그림을 통해 사물의 표상을 이해하고 생활 속에서 유의미한 읽기가 가능하도록 한다.
- 사고를 자극하고 수렴적으로 또는 확산적으로 촉진하기 위해 부모나 교사는 질문을 많이 하며, 영유아가 답을 할 수 있도록 해주고, 영유아 스스로도 질문을 만들어 능동적인 사고를 가능하게 한다.
- 자유로운 쓰기 활동을 격려한다. 쓰기를 생각의 표현으로 보고 읽기 수준과 관계없이 고정된 문자 이외의 표현까지도 허락하는 쓰기 활동을 격려한다.
- 평가는 학습자에게 자신에 관한 정보를 주기 위한 것을 목적으로 한다. 평가는 학습자의 능력을 규정짓기 위한 것이 아니라 보다 더 나은 학습을 이끌어 주기 때문이다.
- 영유아의 언어능력은 스스로 자신의 경험과 배경지식에 따라 새로운 어휘를 사용하고 의미를 구성할 때 효과적이므로, 영유아에게 주는 교수-학습자료는 생활 주변의 문해자료(메모지, 노랫말, 차트, 포스터, 지도, 요리책, 광고지, 표지판, 포장지, 메뉴, 간판 등)나 문학작품, 영유아의 경험 등을 제공하여 의미 있는 상호작용이 이루어질 수 있도록 한다.

총체적 언어 접근법에 의한 교수를 통해 영유아는 능동적이며 구성적인 학습활동과 실제적이고 의미 있는 학습활동이 가능해지며 학습의 동기를 유발하고 사고를 촉진할 수 있게 된다. 영유아는 다양한 흥미영역에서 통합된 언어활동을 전개해나가고 활발한 상호작용을 한다(임양금, 2005). 여기에서 부모나 교사는 흥미로운 자료를 제공해주고 대화의 상대가 되어 주며 이야기를 들려주고 사고를 자극하는 역할을 하면서 자신의 사고를 언어로 나타내 보이는 언어 사용의 모델이 되어야 한다. 총체적 언어 접근법의 장·단점은 〈표 5-6〉과 같다.

표 5-6 총체적 언어 접근법의 장 · 단점

구분	내용
장점	• 총체적 언어 접근법은 영유아를 반복적으로 훈련시키는 인위적인 방법을 사용하지 않는다. 실생활 속에서 영유아가 읽기와 쓰기를 어떻게 사용하는지 알 수 있으며, 실제적 목적을 가진 생활 속에서의 읽기와 쓰기를 경험할 수 있다. 그러므로 영유아가 읽기와 쓰기에 대해 흥미를 잃지 않으면서 이와 관련된 기술들을 습득할 수 있다. • 단어나 문장으로 읽어나가기 때문에 발음 중심 언어 접근법보다 의미를 파악하기가 쉽다.
단점	• 너무 의미 중심 교육에 치우치다보면 바람직한 총체적 언어교육이 이루어지지 못해 읽기와 쓰기를 위한 체계적인 지도가 어렵다. • 의미를 파악하는 활동에 중점을 두기 때문에 글자의 정확한 해독이 어렵다. • 통합적인 활동방법이 강조되고 또래와의 상호작용이 중요하기 때문에 교사의 지도에 큰 차이를 보인다.

총체적 언어 접근법과 근간을 같이 하는 교수법에는 문학적 접근법, 언어경험 접근법 등이 있는데(이경화 외, 2009), 각 접근법에 대해 살펴보면 다음과 같다(전유영, 2011).

(1) 문학적 접근법

문학적 접근법은 양질의 이야기책을 중심으로 문해와 사회적 맥락 간에 일어나는 상호작용을 강조하며 영유아기 언어학습에서 문학을 강력한 교수매체로 제시한다. 영유아는 통합적으로 접근하는 문학활동을 하며 그림책 속의 주인공이 되어 보면서 그림책에 몰입하게 된다. 영유아는 문학을 감상하며 의미를 도출하는 과정에서 자연스럽게 문자언어와 음성언어를 접하며 통합적으로 발달을 할 수 있다. 그러므로 문학적 접근은 총체적 언어를 효과적으로 실현할 수 있는 방법이라 할 수 있다(이경우, 1998).

문학적 접근법에서 작품 자체를 분석하고 단편적인 지식을 주입하는 식의 방향은 바람직하지 않다. 문학은 각각의 작품에 담겨 있는 이야기 전체를 경험하고 이를 바탕으로 다양한 영역의 활동으로 확장할 수 있다.

문학적 접근의 목적은 좋은 그림책, 동화, 동시 등을 사용하는 중에 영유아의 듣기,

말하기, 읽기, 쓰기가 통합적으로 발달할 수 있도록 돕는 것이다. 이를 위해 교사는 다음과 같은 역할을 해야 한다. 첫째, 영유아의 언어적 경험을 확장하고 촉진하기 위한 언어교육자료로 양질의 영유아기 그림책을 사용한다. 둘째, 모험과 실수를 허용함으로써 지지적인 환경을 제공하여 언어발달을 촉진한다. 셋째, 영유아의 느낌이나 생각을 듣기, 말하기, 읽기, 쓰기와 통합하는 다양한 교수전략을 사용한다. 넷째, 영유아의 일상생활의 맥락과 연관된 자료를 활용하여 유아들의 언어경험을 확장시키도록 한다(전유영, 2011). 또한 유아교육현장에서 문학적 활동을 수행할 때, 교사와 영유아 간의 상호작용의 중요성에 유의해야 한다. 교사가 영유아에게 의사소통에 필요한 듣기, 말하기, 읽기, 쓰기를 직접 가르치는 것보다는 즐겁고 자연스러운 상황에서 영유아–영유아, 영유아–교사 간의 상호작용을 촉진하는 것이 중요하다(김정화, 2009).

(2) 언어경험 접근법

언어경험 접근법은 생각하는 것을 말할 수 있고, 말하는 것을 쓸 수 있으며, 쓴 것을 읽을 수 있고, 다른 사람들이 써준 것을 읽을 수 있다는 관점에서 음성언어와 문자언어를 자연스럽게 연결하여 경험하게 하는 언어교수방법이다(Allen, 1973). 언어경험 접근법은 영유아의 경험이 스키마가 되어 읽기에 도움을 주게 되는 하향식 접근방법이라고 할 수 있다(Joanne & Richard, 2005).

언어경험 접근법에서 교수–학습자료로 사용하는 이야기들은 영유아가 경험한 내용에 관한 것이기 때문에 영유아에게 유의미한 내용으로 읽고 싶은 동기를 유발한다. 영유아는 언어표현능력과 경험이 제한되어 있어, 영유아의 경험으로 구성된 읽기 자료를 완벽하게 이해하지 못할 수도 있으나, 자신의 경험을 말해보고 말한 것이 기록되는 모습을 관찰하고 읽고 쓰는 과정을 통해 듣기, 말하기, 읽기, 쓰기의 언어과정을 통합적으로 경험하는 기회를 갖게 된다(주영희, 2001; Anderson, 1984). 이러한 과정을 통해 영유아는 사람들의 생각이 음성언어와 문자언어로 표현될 수 있다는 것을 알게 되고 음성언어와 문자언어의 관계를 인식하게 된다(이차숙, 2007). 언어경험 접근법의 절차를 살펴보면 [그림 5-4]와 같다.

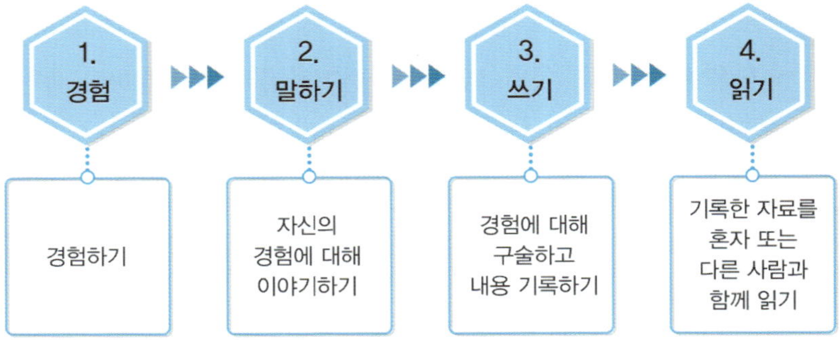

그림 5-4 언어경험 접근법의 교수-학습과정

언어경험 활동은 전체활동, 그룹활동, 개별활동으로 이루어질 수 있는데, 여기에서 사용하는 주요 기법은 주요 어휘 접근법, 그룹 경험 차트, 장면 설명하기, 개별 경험 이야기 등으로 그 내용은 〈표 5-7〉과 같다(전유영, 2011).

표 5-7 언어경험 접근법의 주요 기법

구분	내용
주요 어휘 접근법	교사가 영유아에게 특별히 의미 있는 낱말을 끌어내어 문장으로 확대하는 방법으로, 주요 어휘를 사용하여 새로운 이야기를 만들거나 낱말-매칭 게임 또는 시각·청각 변별게임을 할 수 있다.
그룹 경험 차트	그룹이나 학급 전체가 동일한 경험을 한 후, 이에 대해 이야기를 나누고 교사가 이를 큰 차트에 받아적어 읽기 교재로 이용하여 듣기, 말하기, 읽기, 쓰기를 통합적으로 발달시키는 방법이다.
장면 설명하기	교사가 영유아들에게 주제에 대해 간단한 토의를 하고, 장면에 대한 설명을 영유아의 말을 손상시키지 않고 그대로 받아쓰는 것이다.
개별 경험 이야기	가장 일반적인 활동으로 그룹 경험 차트와 같은 절차를 따르지만 개별적인 경험에 대한 이야기를 써서 읽기 교재로 이용하는 기법이다.

영유아를 위한 교육은 일상생활경험을 하는 과정에서 이루어지며, 특히 읽기나 쓰기 능력의 발달은 이러한 일상경험이 학습자의 관심을 끌 때 최대로 성취된다(Goodman & Goodman, 1979). 따라서 언어경험 접근법에서 사용되는 이야기들은 영유아의 경험이 반영된 것으로 실생활에서 익숙한 낱말이나 문장이 주를 이루어 영유아의 학습흥미를 유발하며, 이미 그들에게 인식된 내용이기 때문에 최소한의 해독능력을 가지고도 자신의 이야기를 읽을 수 있다는 장점이 있다. 그러나 너무 의미 파악에만 초점을 두어 정확한 발음지도가 어려우며 제한된 낱말이나 문장만 지도하게 되어 학습량이 적을 수 있으며 배우지 않은 글자는 거의 읽을 수 없다는 단점이 있다.

3. 균형적 언어 접근법

1) 개념

균형적 언어 접근법은 발음 중심 언어 접근법과 총체적 언어 접근법을 병행한 것이다. 균형적 언어 접근법에서는 언어 및 문학활동을 통해 단어 재인에 필요한 기초적인 읽기 기술들을 병행하여 가르칠 것을 제안하고 있는데, 영유아가 실제 삶 속에서 풍부한 문학작품을 통해 수준에 맞는 문해활동을 경험하면서 체계적이고 조직적인 읽기, 쓰기의 기술도 배워야 한다는 것이다. 이러한 모든 활동은 언어의 기초 기술들까지도 영유아에게 의미가 있어야 하고, 스스로 관심을 가지고 활동할 수 있도록 동기화되어야 함을 강조한다. 왜냐하면 읽기의 기초적 기술만으로는 잘 읽을 수 있지만 반대로 기초적인 읽기기술이 습득되지 않고서는 효과적인 읽기가 될 수 없기 때문이다(전유영, 2011).

최근 균형적 언어 접근법에 관한 연구가 활발히 이루어지면서 미국의 NRP(National Reading Panel, 2000)는 미국 전역의 읽기 교수 실제를 분석한 결과, 균형적 언어 접근법이 유아에게 읽기를 가르치는 가장 효과적인 접근법이라고 주장한다. 또한 코웬(Cowen, 2003)은 선행 연구들을 메타 분석하여 바람직한 언어지도방안으로 균형적인 언어 접근을 제안하였으며, IRA(2010)는 유치원과 초등학교 교사들을 위한 언어교육기준 안내서에서 통합적이며 균형적인 교육과정을 고안하고 실시할 것을 제시하였다. 즉, 균형적 접근법은 언어교육에 있어 핵심적인 접근으로 인정받고 있다.

2) 특징

균형적 언어 접근법에서는 영유아에게 의미 있는 경험을 하게 하여 느끼고 생각한 것을 표현하게 할 뿐 아니라 듣기, 말하기, 읽기, 쓰기를 통합적으로 이루어지도록 교육한다. 즉, 영유아의 흥미를 위해 다양한 경험, 놀이, 게임, 문학 등을 제공하면서, 영유아의 발달적 필요에 따라 낱자지식, 음운인식, 자·모체계 이해 등의 문자의 기초를 교육하는 방법이다(위영희, 2004; 이차숙, 2000; 주영희, 2001; 황은순, 2010).

균형적 언어 접근법은 발음 중심 언어 접근과 총체적 언어 접근을 절충한(eclectic) 언어교육방법이라고 간단히 표현하기도 한다. 그러나 절충이라는 말을 이해하고 사용하는 데에는 주의를 기울일 필요가 있다. 균형적 언어 접근법은 여러 가지 접근법을 그냥 섞거나 조합하는 것이 아니다. 균형적 언어 접근법에서 중요한 것은 개별 영유아의 특성과 경험 등을 파악하여 의미 있는 최적의 방법을 선택하여 균형을 취하는 것이다(Raven, 1997). 그러므로 균형적 언어 접근법은 절충의 의미에서 더 나아가, 개별 영유아에게 가장 적합한 교육을 위해서 계속 변화하며 접근하는 방식으로 이해되어야 한다(Reutzel & Cooter, 2008). 이와 같은 교육을 위해 교사는 학습자인 영유아를 존중하고, 읽기와 쓰기의 기능발달에 대한 신념을 가지며, 읽기와 쓰기를 총체적 과정으로 접근해야 한다는 철학을 가져야 한다. 더불어 학습과정에서 유아들의 수준과 흥미에 알맞게 음운인식, 낱말인식, 철자이해를 위한 기술과 전략들을 다루는 것도 간과하지 않아야 한다(Mcintyre & Pressley, 1996). 균형적 언어 접근법의 특징은 〈표 5-8〉과 같다(남규 외, 2018).

표 5-8 균형적 언어 접근법의 특징

- 읽고, 쓰기를 배우는 것은 말하기를 배우는 것처럼 자연스러운 과정이다.
- 풍부한 문식성 환경의 제공, 능동적인 글쓰기 활동에 대한 배려, 영유아와 상호작용하는 성인의 역할이 중요하다.
- 글자 인식과 관련된 기술을 체계적으로 가르친다.
- 읽기, 쓰기 기술을 가르칠 때 영유아의 경험과 관련된 자료를 제공한다.
- 문학작품을 통한 문식성 활동의 제공을 중요하게 여긴다.
- 다양한 학습방법을 모두 중요하게 활용한다.

3) 교수방법

균형적 언어 접근법의 방법을 연구하는 학자들은 음운인식이나 기술 중심의 읽기와 철자 프로그램을 지나치게 강조해서는 안 되며, 의미와 함께 해독법을 병행해야 즐겁게 책을 읽고 해석을 할 수 있다고 주장한다. 읽기 기능과 의미 중심 전략을 병행하는 구체적인 방법에 대해서는 연구가 이루어지고 있는 중이지만, 대체로 의미 중심 전략에서 시작하여 하위기능을 가르치는 방향 즉, 전체에서 부분으로의 방향을 제시하고 있다. 총체적 언어교육의 틀에서 음운학을 가르쳤을 경우에는 읽기, 쓰기의 기술, 태도, 행동의 모든 면에서 지속적인 효과가 있다. 이러한 주장과 마찬가지로 그림책이나 영유아에게 의미 있는 문해자료를 명시적으로 지도를 하는 활동들을 제시하고 있다(전유영, 2011).

균형적 언어 접근법에서는 여러 가지 요소들을 균형 있게 다루며 접근한다. 개별 영유아에게 각 요소가 어느 정도 필요한지를 파악해 가장 적합한 비율로 접근하는 것이 균형적 접근법의 중요한 핵심이다(이경화 외, 2009). 즉, 각각의 요소가 유아에게 가장 잘 맞도록 균형점을 모색하여 접근하는 것이 중요하다. 이를 위해 균형적 접근을 취할 때, 고려해야 할 사항은 〈표 5-9〉와 같다.

표 5-9 균형적 접근을 취할 때 고려할 사항

- 어떤 요소들이 영유아에게 필요한지를 알아내야 한다.
- 각 요소들이 영유아에게 어느 수준에서 필요한지 살펴보아야 한다.
- 이 요소들을 개별 유아들에게 필요한 순간 필요한 만큼 균형 있게 제공해야 한다.

교수실행 이전에 균형적 언어 접근법에서 고려해야 할 요소를 파악해야 균형적 교수의 계획이 가능하다. 균형적 언어 접근법에서 취해야 할 균형의 요소는 〈표 5-10〉과 같다(Blair-Larsen & Williams, 1997).

표 5-10 균형의 요소

- 영유아를 가르치는 것과 학습을 촉진시키는 것 사이의 균형, 즉 교사 주도적이며 명시적인 교수와 영유아 중심적 발견학습의 균형이다.
- 읽기 교수 접근과 자유로운 읽기 시간 제공 간의 균형, 즉 계열화된 읽기 교수와 학습자 요구에 기반을 둔 교육과정 사이의 균형이다.
- 의미 중심 교육과 문자 기초 교육의 균형, 즉 의미 이해의 발달과 읽기, 쓰기 기능발달의 균형이다.
- 개별 유아들의 상황에 따른 지도와 교육과정의 기준 중심 수업 사이의 균형이다. 즉, 계획되지 않은 교수와 계획된 교수의 균형이다.
- 비형식적 관찰과 형식적 평가의 균형, 즉 질적 평가와 표준화된 검사 간의 균형이다.
- 언어의 사용과 인식 간의 균형, 즉 상황 내의 모든 언어활동과정의 통합과 균형을 의미한다.

균형적 언어 접근법의 핵심은 다양한 요소를 개별 유아의 요구가 만나는 지점에서 균형 있게 제시해주는 것이라고 할 수 있다. 그러므로 모든 영유아에게 획일적인 균형의 지점이란 있을 수 없다. 교사는 개별 영유아의 수준과 요구를 구체적으로 파악하여 의미 중심 활동과 문자의 기초 교육에 대한 균형, 교사 주도와 영유아 주도 교수법의 균형, 개별활동과 집단활동의 집단의 균형 등의 요소들을 고려한 교수-학습을 실시해야 한다. 균형적 언어 접근법의 교수방법은 〈표 5-11〉과 같다.

표 5-11 균형적 언어 접근법의 교수방법

- 총체적 언어 접근법의 기본 틀을 유지하면서 음운인식이나 철자와 소리의 대응과 같은 읽기에 필요한 기본 기술을 가르치는 것으로 총체적 언어 접근법에서 사용되는 교수방법(소리 내어 읽어주기, 함께 읽기, 혼자서 읽기, 영유아에게 써주기, 함께 쓰기, 혼자서 쓰기, 독해지도)을 사용한다.
- 운이 있는 동시나 동요 혹은 예측 가능한 도서를 들려줌으로써 운에 민감해지도록 하며, 자소와 음소의 대응관계를 지도한다.
- 영유아에게 적절한 도서를 활용하여 총체적 언어 접근법 활동과 읽기의 하위기술들을 균형 있게 제공한다.

균형적 언어 접근법은 개별화 교육을 지향하기 때문에 교사의 역할이 특히 중요하다. 교사는 영유아의 인지양식과 언어발달 정도, 가정환경 등을 잘 파악하여 개인에게 적합한 균형점을 찾아야 한다. 균형적 언어 접근법은 어느 한 가지의 특정한 지도법이나 다양한 지도법을 섞어서 실시하는 것을 뜻하지 않는다. 교사의 판단에 따라 영유아의 발달특성과 발달수준에 가장 적합한 균형적인 언어교육이 필요하다. 따라서 영유아의 특성, 언어발달수준, 가정에서 언어환경에 노출된 정도 등을 파악하여 두 교육법의 방법을 균형 있게 제시하는 것이 중요하다(남규 외, 2018).

4. 언어교육 접근법의 비교

영유아에게 읽기와 쓰기를 언제, 어떤 방식으로, 무엇을 가르쳐야 하는가에 대해서는 많은 논란이 있었으며, 시대에 따라 변화해 왔다고 할 수 있다. 언어교육 관점의 변화는 영유아 언어교육에 대한 전반적인 틀을 바꿀 만큼 새롭게 대두되었는데, 1920년에서 1980년대에 이르기까지 특징적으로 변화되어 왔다. 즉, 1920년대의 성숙주의 관점에서 1960년대의 행동주의 관점인 발음 중심 언어 접근법, 그리고 1970년대 말과 1980년대 초의 상호작용주의에 입각한 총체적 언어 접근법이 주류를 이루었으며, 2000년대에는 균형적 언어 접근법으로 변화되어 왔다. 발음 중심 언어 접근법, 총체적 언어 접근법 및 균형적 언어 접근법을 비교해 보면 〈표 5-12〉와 같다.

표 5-12 언어교육 접근법의 비교

구분	발음 중심 언어 접근법	총체적 언어 접근법	균형적 언어 접근법
기초이론	행동주의	진보주의, 성숙주의, 구성주의	구성주의, 상호작용주의
지도방법	교사 중심	학습자 중심	학습자 중심(총체적 언어 접근과 차이 있음)
지도방향	상향식 접근	하향식 접근	상향식 접근 + 하향식 접근
언어기능의 교육	읽기와 쓰기의 형식적인 훈련에 의한 활동	읽기와 쓰기를 말하기, 듣기와 같이 자연스럽게 배움	의미 있는 맥락에서 문자를 경험하고 이에 대한 이해와 인지 과정을 함께 도모
장점	의도적인 활동으로 문자의 해독을 가능하도록 함	읽기와 쓰기에 동기를 부여하고 의미파악에 효과적임	발음 중심 언어 접근법의 장점과 총체적 언어 접근법의 장점을 적용
단점	의미 이해의 어려움	문자해독이 느림, 문해경험이 부족한 유아들은 언어발달이 지체됨	문해환경이 갖추어져야 가능

출처: 이대균 외(2018). 영유아 언어교육. 공동체.

Chapter 06

언어교육의 방법

배 울 내 용

1. 놀이를 통한 언어교육
2. 그림책을 통한 언어교육
3. 이야기를 통한 언어교육

학 습 목 표

1. 놀이를 통한 언어교육방법을 알고 언어교육에 적용할 수 있다.
2. 그림책의 언어교육적 가치를 알고 언어교육에 활용할 수 있다.
3. 이야기를 통한 언어교육의 가치와 교육적 효과를 이해한다.

1. 놀이를 통한 언어교육

영유아에게 있어 놀이는 자발적이고 즐거우며 결과보다는 과정이 중요시되는 특성을 가지고 있다. 이러한 놀이의 긍정적인 특성들 속에서 놀이가 교육적인 가치를 지니고 있다는 점은 놀이를 통한 교육의 무한한 가능성을 의미하는 것이다. 따라서 영유아를 위한 언어교육 역시 놀이를 통해 이루어질 때 효과적이라고 할 수 있다.

1) 놀이를 통한 언어교육의 장점

영유아 언어교육 내용은 듣기와 말하기, 읽기와 쓰기를 포함한 다양한 활동들이 자연스럽게 일어나고, 이 과정에서 적절한 언어교육이 이루어질 때 효과적이다. 놀이를 통한 언어교육의 장점을 정리하면 다음과 같다.

첫째, 놀이를 통해 영유아는 자연스러운 상황에서의 듣기와 말하기를 경험할 수 있다. 영유아는 놀이를 하면서 또래친구 또는 성인과의 대화가 이루어지는데, 함께 놀이하기 위해서는 상대방의 이야기에 귀를 기울여야 하고 상황에 맞게 자신의 상황, 놀이 제안, 요구사항 등을 이야기하게 된다. 이런 상황 속에서 영유아는 의사소통능력이 향상된다.

둘째, 놀이는 읽기와 쓰기의 기회를 제공한다. 영유아의 놀이 속에는 읽기와 쓰기의 기회가 존재한다. 예를 들어, 영유아가 블록으로 자동차 놀이를 한다면 도로에는 표지판, 버스에는 교통카드 등이 필요할 것이다. 이러한 상황에서 영유아는 더 재미있는 놀이를 위해서 표지판을 만들고 교통카드를 만들어 놀이에 사용할 수 있다. 읽기와 쓰기 활동은 놀이에서 필요한 부분이기 때문에 영유아가 흥미를 가지고 참여하게 된다는 점에서 더 가치가 있다.

셋째, 놀이는 영유아에게 자발적인 언어 사용이 이루어지도록 해준다. 놀이 속에서는 듣기와 말하기, 읽기와 쓰기 등을 포함한 활동이 성인의 강요가 아닌 영유아의 자발적인 참여로 이루어진다는 점에서 더 효과적인 언어교육이 이루어진다고 볼 수 있다.

넷째, 놀이를 통해 반복적인 언어 사용이 이루어진다. 언어를 익숙하게 사용하기 위해서는 반복적인 연습이 필요한데, 놀이는 반복적인 언어 사용을 가능하게 해준다. 예를 들어, 놀이 중에 영유아는 필요한 놀잇감이 있을 경우 "빌려 줄래?", "같이 하자!" 등의 친사회적인 언어를 사용하게 된다. 이와 같이 놀잇감이 필요한 경우는 하루에도 몇 번씩 매일매일 이루어지는 상황이기 때문에 영유아들은 놀이 중에 같은 표현을 반복해서 사용해 보며 상황에 맞는 적절한 표현을 익히게 되는 것이다.

그림 6-1 실외에서의 놀이 모습

2) 놀이를 통한 언어교육방법

(1) 듣기와 말하기

듣기는 아이가 태어나면서부터 자연스럽게 이루어지기 때문에 그 중요성을 간과하기 쉽지만 듣기는 학습에 있어서 매우 중요한 부분이다. 이는 다른 사람의 이야기를 주의깊게 듣지 못하고 이해하지 못한다면 새로운 정보를 습득할 수 없기 때문이다.

이러한 점에서 자신의 생각, 느낌, 정서 등을 표현하는 말하기보다도 학습적인 면에서는 듣기가 더 중요하다고도 볼 수 있는 것이다. 따라서 일상생활에서 뿐 아니라 놀이 중에 다른 사람의 이야기를 주의깊게 집중하여 듣는 것은 영유아의 듣기 교육에도 중요하다. 이런 이유로 교사는 또래 친구와의 놀이를 지원하여 교사뿐 아니라 또래 친구와의 언어적 상호작용 기회를 더 많이 가질 수 있도록 편안한 놀이 분위기를 제공해주어야 한다. 또한 교사는 유아의 이야기에 귀 기울여 들어주는 모범을 보여 주어야 하며, 교사는 놀이 속에서 유아에게 이야기를 잘 듣고 들은 내용에 따라 행동해 볼 수 있는 기회를 주는 것도 좋은 듣기 교육의 방법이 될 수 있다.

듣기와 말하기는 따로 분리되어 이루어지기보다는 한꺼번에 이루어지게 된다. 말하기의 경우 상호 간의 대화 속에서 이루어지며 발달한다. 유아가 상황에 맞게 말하기 위해서 교사는 영유아에게 적절한 질문을 제공하여 자연스러운 대화가 이루어질 때 효과적인 교육이 이루어진다. 이러한 점에서 놀이는 상상력을 통해서 다양한 상황을 만들 수 있고, 다양한 놀이상황 속에서의 다양한 주제로 대화가 이루어지기 때문에 말하기 교육에 있어서 효과적이다.

그림 6-2 쌓기 놀이 모습

그림 6-3 역할놀이 모습

(2) 읽기와 쓰기

읽기는 단순히 하나 하나의 글자를 읽을 수 있도록 하는 것보다는 유아가 글자의 의미를 파악하고 문맥상에서 이해할 수 있도록 언어교육이 이루어져야 한다. 따라서 교사는 유아가 글자에 흥미를 가질 수 있도록 읽기에 적합한 환경을 마련해 주어야 한다. 예를 들어, 학급에서 음식점 놀이가 이루어지고 있다면 교사가 메뉴판, 전단지 등을 제공하여 주는 것은 유아가 읽기에 흥미를 가질 수 있도록 하는 데 도움이 될 것이다.

쓰기의 경우 다른 소근육의 발달이 함께 이루어져야 가능하기 때문에 영유아는 쓰기 활동 이전에 점토놀이, 가위질하기 등 다양한 놀이활동을 통해 소근육의 발달이 충분히 이루어질 수 있도록 지원해주어야 한다. 그 다음 소근육의 발달이 충분이 이루어졌을 때 비로소 쓰기 활동이 자연스럽게 이루어질 수 있다. 또한 쓰기 지도가 '사과 10번 쓰기'와 같이 유아의 현재 경험과 상관없이 반복적인 형태로 이루어진다면 유아는 쓰기에 대해 쉽게 싫증을 느끼게 되어 학습효과도 기대하기 어렵다. 하지만 쓰기 활동이 놀이 속에서 유아의 필요에 의해 이루어진다면 유아의 흥미와 관심 속에서 이루어질 수 있다. 예를 들어, '비행기 놀이' 속에서는 유아가 비행기 티켓을 만들고, 비행기 이름을 지어보고, 비행기를 만들면서 비행기의 좌석 번호를 쓰면서 놀이가 이루어질 수도 있을 것이다. 이러한 쓰기 활동은 유아의 놀이 속의 일부가 되어 재미있는 활동이 되며, 놀이에 꼭 필요한 것이기 때문에 자발적으로 이루어지며 교육적인 효과도 높일 수 있게 된다. 따라서 교사는 유아가 놀이 속에서 유아에게 의미 있는 글자에 자주 노출될 수 있도록 하고, 놀이 속에 읽기와 쓰기 활동이 통합되어, 자발적으로 이루어질 수 있도록 해야 한다. 또 교사는 유아의 읽기와 쓰기 활동에 관심을 가지고 지속적인 격려와 칭찬을 해주어야 할 것이다.

그림 6-4 소근육발달에 도움이 되는 언어활동

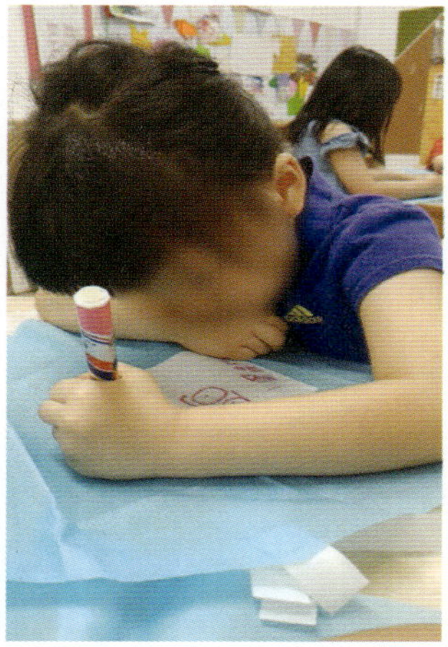

그림 6-5 유아의 쓰기 활동

2. 그림책을 통한 언어교육

코메니우스(John Amos Comenius)에 의해 최초의 그림책이 만들어진 이후 그림책은 영유아가 처음 만나는 책이며, 재미있고 즐거움을 주는 동시에 영유아 언어교육을 위한 유용한 도구로써 인정받고 있다. 또한 영유아는 그림책을 통해 자신을 둘러싸고 있는 주변 세계를 만나고 이해하게 된다(이송은, 2006). 이러한 그림책은 학자마다 다르게 정의하고 있는데, 마쯔이 다다시(1990)는 그림책이란 이야기가 담겨진 그림이 있는 책으로써 작가와 화가, 편집자가 공동으로 만들어 낸 것이라고 하였고, 이대균 등(2010)은 출생에서 8세까지의 아이들을 위해 특별히 쓰여진 책으로써 글(text)과 그림(illustration)이 결합된 이야기책이라고 하였다. 또한 러셀(Russel)은 그림책을 글과 그림의 행복한 결혼에 비유하였으며(이윤희 외, 2009), 노들먼(Nodelman)은 문학과 미술이라는 서로 다른 예술

형식이 결합한 것이라고 정의하였다. 이렇게 그림책은 다양하게 정의되고 있지만 그림과 글이 결합한 독특한 형식으로 이야기를 전달하고 있다는 공통점을 가지고 있다.

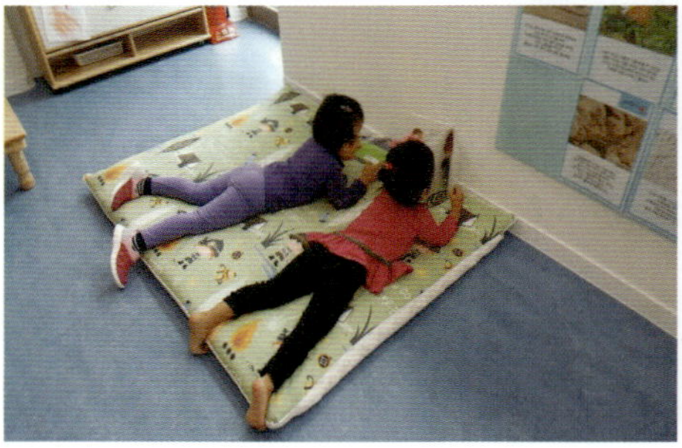

그림 6-6 그림책 보는 모습

1) 그림책을 통한 언어교육의 장점

그림책을 통해서 영유아는 간접적으로 감정과 정서를 경험할 수 있기 때문에, 그림책은 언어, 정서, 인지, 사회성 등 다양한 영역의 발달에 긍정적인 영향을 준다(한지연, 2009). 특히, 그림책은 영유아의 언어발달에 있어서 듣기, 말하기, 읽기, 쓰기 등 언어 영역의 모든 면에 있어서 긍정적인 도움을 줄 수 있다. 언어지도에 있어서 그림책의 장점을 살펴보면 다음과 같다.

첫째, 그림책을 통해 영유아 주변의 생활과 문화를 이해할 수 있다. 그림책은 주로 영유아의 삶과 밀접하거나 주변의 이야기를 담고 있기 때문에 영유아가 그림책의 이야기를 듣거나 읽으면서 자신이 속한 사회를 이해하게 된다.

둘째, 그림책을 통해 어휘와 표현을 배울 수 있다. 그림책의 글은 다양한 어휘와 풍부한 언어적 표현을 가지고 있기 때문에 영유아는 그림책을 읽거나 들으면서 자연스럽게 어휘가 확장되고 다양한 언어적인 표현을 배울 수 있다.

셋째, 그림책은 음운인식발달을 돕는다. 그림책에는 의성어나 의태어, 반복되는 운율과 같은 재미있는 언어적인 요소들을 가지고 있기 때문에 음운인식의 발달에도 효과적이다(마송희, 2006).

넷째, 그림책을 통해서 음성언어와 문자언어의 관계를 알게 된다. 영유아는 그림책을 읽거나 들으면서 글자와 소리의 1대 1 대응관계를 이해하게 되고, 글자의 형태와 소리를 익히게 되어 결국 글을 읽는 방법을 습득할 수 있다(이경우 외, 1997).

다섯째, 듣기 능력의 향상에 도움이 된다. 영유아는 교사 또는 부모 등이 그림책을 읽어줄 때 이야기를 들어보는 경험을 통해 주의 깊게 듣는 훈련을 할 수 있으며, 이는 영유아의 듣기 능력 향상에 도움이 된다.

여섯째, 그림책을 통해 영유아는 간접 경험을 할 수 있다. 그림책에는 영유아가 흥미, 호기심 등을 가지고 있지만 해서는 안 되는 내용을 담고 있는 경우도 많다. 이런 그림책의 경우 영유아는 직접 해볼 수 없지만 그림책을 통해 간접적인 경험을 하게 되어 그림책은 안전하게 영유아의 호기심을 충족시켜줄 수 있다(육길나, 2010).

일곱째, 그림책은 영유아에게 기쁨과 즐거움, 감동을 준다. 그림과 글로 구성된 그림책에는 영유아에게 기쁨과 즐거움, 감동을 주는 이야기가 예술적인 요소 속에 담겨져 있어서 영유아의 정서적인 발달에 도움이 된다(한지연, 2009).

2) 그림책을 통한 언어교육의 방법

(1) 그림책 선정

영유아에게 적절한 그림책을 선택하는 것은 영유아의 언어지도 및 발달에도 도움이 된다. 그림책의 그림이 심미적인지, 내용이 영유아의 발달에 적합하고 의미 있는 내용인지, 그림책의 외형이 유아에게 불편함이 없는지 등을 고려하는 것은 좋은 그림책을 선정하는 데 도움이 될 것이다. 영유아를 위한 좋은 그림책 선정을 위한 기준은 다음과 같다(서정숙, 김정원, 2008).

첫째, 글과 그림은 조화로운가? 즉, 그림책은 글과 그림으로 구성되어 있는 책이므로 글과 그림이 상호보완적인 관계를 넘어서 글과 그림의 유기적 관계를 통해 서로 상승효과(synergy effect)가 나타날 때 바람직하며 조화롭다고 할 수 있다. 그리고 이러한 글과 그림은 영유아의 상상력을 자극할 수 있어야 한다.

둘째, 그림이 이야기의 주제나 등장인물, 배경, 플롯 등을 잘 표현하는가? 즉, 영유아는 그림책에서 글뿐 아니라 그림을 통해 다양한 정보를 얻는다. 그러므로 그림은 이야기의 주제, 등장인물, 배경, 플롯 등 다양한 정보를 시각적으로 제공해야 한다.

셋째, 영유아가 이해할 수 있고 공감할 수 있는 내용과 형식인가? 그림책은 영유아의 발달수준을 고려하여 영유아가 이해하고 공감할 수 있는 내용과 형식을 갖추었을 때 영유아에게 적합한 그림책이라고 할 수 있다.

넷째, 글은 이야기의 주제나 등장인물, 배경, 플롯 등을 잘 표현하는가? 영유아는 그림책을 통해서 다양한 어휘와 풍부한 언어적인 표현을 배울 수 있다. 따라서 그림책의 글도 그림과 마찬가지로 그림책에서 나타내고자 하는 주제, 등장인물, 배경, 플롯 등에 대해서 언어를 사용하여 효과적으로 표현해야 한다.

다섯째, 교육적으로 적합한가? 즉, 아무리 재미있는 그림책이라 할지라도 교육적으로 가치있을 때 영유아에게 적합하다. 그렇다고 권선징악(勸善懲惡), 인과응보(因果應報) 등의 교육적인 전개와 결말이 반드시 요구되는 것은 아닐지라도 영유아에게 비교육적인 부분에 대한 점검이 필요하며, 다양한 내용을 통해 교육적으로 가치 있는 그림책은 영유아에게 긍정적인 도움이 된다.

여섯째, 호기심과 상상력을 유발하는 내용과 형식으로 되어 있는가? 그림책은 내용, 삽화, 글자체, 색 등 다양한 방법으로 영유아에게 호기심과 상상력을 자극할 수 있는 매체이다. 그러므로 영유아의 호기심과 상상력을 자극할 수 있는 요소의 유무는 좋은 그림책 선정기준으로 적절하다고 볼 수 있다.

(2) 그림책을 활용한 통합적 언어교육

그림책을 활용한 언어교육은 다양한 방법으로 이루어질 수 있지만 가장 일반적인 방법은 먼저 교사가 그림책을 유아에게 읽어주고, 그 그림책의 이해를 바탕으로 다양한 활동을 통해 통합적으로 전개하는 방법이다. 먼저 영유아가 그림책에 친숙해질 수 있도록 영유아의 활동공간에 미리 비치해 주고, 교사는 그림책을 읽어준 다음, 글과 그림을 충분히 이해할 수 있도록 해야 하는데, 이 과정에서 이야기 나누기도 필요할 수 있다. 그 다음 그림책에 대한 이해를 바탕으로 다양한 활동을 통합적으로 전개하도록 한다.

그림책을 활용한 통합적인 언어교육은 좋은 그림책을 활용할 경우 우수한 교재를 사용한다고 볼 수 있다. 그림책에 대한 이해를 바탕으로 다양한 활동이 전개될 수 있기 때문에 다양한 교수-학습방법이 사용되며, 통합적인 활동으로 이어진다. 또 소집단활동으로 이루어지는 경우가 많기 때문에 영유아 개개인의 발달에 적합한 교육이 이루어지기에도 용이하다는 장점을 가지고 있다. 그림책을 활용한 언어교육의 예를 그림책 《구름빵》을 통해 통합적으로 제시하면 [그림 6-7]과 같다.

언어

- 동화 듣기: 《구름빵》
- 동화 《구름빵》 듣고 이야기 나누기
- 《구름빵》」 주인공에게 편지 쓰기
- 《구름빵》 저자에게 편지 쓰기
- 빵 재료 사전 만들기
- 빵 만들기 요리책 만들기

수학

- 친구들 숫자만큼 빵 나누어 보기
- 좋아하는 빵 그래프 만들기
- 빵 만들기 재료 측정해보기

《구름빵》

사회

- 빵가게 견학
- 빵가게 역할놀이

과학

- 밀가루와 물의 혼합 탐색 및 관찰하기
- 여러 가지 빵 비교하기
- 요리하기: 식빵 굽기

음률

- 구름빵이 되어 보기
- 밀가루 반죽 되어 보기
- 구름빵 노래 가사 지어 보기

미술

- 제빵사 모자 만들기
- 빵가게 광고지 만들기
- 빵가게 메뉴판 만들기

그림 6-7 그림책 《구름빵》을 통한 통합적 언어교육의 예

3. 이야기를 통한 언어교육

아이들은 태어나면서부터 이야기를 들으면서 성장하는데, 이야기는 우리가 다른 사람과의 언어적 상호작용을 통해 세상을 경험하고 이해하는 수단이 될 뿐 아니라, 이야기 그 자체가 목적이 된다. 또 이야기를 통해 우리는 자신의 정체성과 삶의 의미 또한 이해할 수 있다(류은영, 2009; 박소화, 2012). 이러한 측면에서 이야기는 언어교육에 긍정적인 영향을 줄 수 있다.

1) 이야기를 통한 언어교육의 장점

인간은 출생 이후 부모로부터 많은 이야기를 들으며 자라기 때문에 영유아는 문어보다는 구어에 이미 익숙해져 있다. 영유아는 구어가 발달함에 따라 문어를 익힐 수 있는 기회를 제공받게 된다. 구어와 문어는 형태나 기능 면에서 여러 가지 차이가 있는데, 대화체라고 불리는 구어체는 의사전달을 위해 간단한 형태로 말하지만, 문어체는 일반적으로 중요하거나 기억해야 하는 내용에 대해 기록하기 위해 사용된다는 점에서 구어체와 다르다. 이러한 점에서 영유아가 책을 읽는 것은 주로 문어체에 익숙해질 수 있는 언어교육의 방법이며, 이야기는 주로 문어체 발달에 도움이 되는 언어교육의 방법이다. 이야기를 통한 언어교육의 장점을 살펴보면 다음과 같다.

첫째, 듣기 능력이 발달한다. 이야기를 통한 언어교육은 특별히 고안된 매체 없이 듣기 활동이 이루어지기 때문에 영유아는 이 과정에서 고도의 집중력이 요구되며, 이를 통해 듣기 능력이 향상될 수 있다.

둘째, 새로운 어휘습득이 이루어진다. 자연스러운 이야기 상황 속에서 새로운 단어와 문법적인 구문들이 등장하기 때문에 처음 들어보는 단어와 문법이라 할지라도 영유아는 문맥적인 상황에서 이해하게 되고 어떻게 그 단어와 문법이 사용되는지 자연스럽게 이해하게 된다. 이 과정은 새로운 단어와 문법을 별도로 학습하는 것이 아니라 저절로 습득될 수 있다는 점에서 의미가 있다.

셋째, 의사소통능력이 발달한다. 이야기를 통한 언어교육은 언어뿐 아니라 억양, 소리, 제스처 등을 통해 의미를 이해할 수 있도록 도와주며, 이를 통해 더 명확하고 효과적인 의사소통능력이 길러질 수 있다.

넷째, 상상력이 자극되고 개발된다. 이야기를 통한 언어교육은 영유아가 장면을 상상하고 추측해 볼 수 있다는 점에서 상상력을 개발할 수 있다.

2) 이야기를 통한 언어교육의 방법

이야기를 통한 언어교육은 사전 활동, 본 활동, 사후 활동으로 나누어 전개될 수 있다. 사전 활동은 영유아가 이야기에 대해 흥미를 유발하고 이야기의 이해를 돕기 위해 이루어지는 활동이다. 이를 위해 교사는 이야기와 관련된 경험에 대해 이야기해보거나, 내용을 상상해보도록 하고 등장인물이나 사물 등에 대해서 이야기해볼 수 있다. 본 활동의 경우 이야기를 소개하고 영유아가 이야기에 참여하도록 하는 단계이다. 이를 위해 교사는 영유아의 개인적인 반응을 주의 깊게 관찰하고, 영유아의 참여를 유도하며 이야기의 이해를 바탕으로 한 다양한 활동에 참여하도록 한다. 사후 활동의 경우 본 활동의 확장단계라고 볼 수 있으며, 본 활동에서 이루어진 다양한 활동들을 마무리하는 단계이다. 이 단계에서 교사는 유아가 이야기의 내용을 제대로 이해했는지에 대해 점검하며 영유아의 창의적인 표현을 유도해볼 수 있다. 사후 활동단계에서 영유아에게 다양한 기회를 제공하는 것은 이야기를 제대로 이해했는지를 영유아 스스로 점검하고 마무리할 수 있도록 하는 데 도움이 되는데, 예를 들어 주제망 작성, 그림 그리기, 편지쓰기 등과 같은 표상활동은 사후 활동으로도 적절하다.

Chapter 07

언어교육의 환경

배 울 내 용

1. 교사–영유아 상호작용
2. 교사의 발문
3. 환경구성

학 습 목 표

1. 교사–영유아 상호작용의 개념 및 중요성을 익히고 현장에서의 적용방법을 모색해본다.
2. 교사의 발문기법을 익힌다.
3. 유아교육기관의 학습환경의 중요성을 이해하고 응용방법을 탐색해본다.

1. 교사-영유아 상호작용

영유아기는 생애의 전반적인 발달과정에서 급격한 발달이 이루어지며 전인적인 발달이 형성되는 중요한 시기이다. 영유아의 발달은 신체 · 인지 · 언어 · 사회 및 정서적 발달이 통합적으로 이루어지는데, 발달에 영향을 미치는 중요한 요소 중에 하나는 영유아에게 영향을 미치는 환경이다. 환경은 인적 환경과 물적 환경으로 구분될 수 있다. 현대사회에서 영유아에게 영향을 미치는 인적 환경은 가정에서의 부모와 유아교육기관에서의 교사가 대표적이다. 영유아가 가장 먼저 사회적 관계를 형성하게 되는 부모는 영유아의 애착발달에 지대한 영향을 미치게 되고 인지 및 언어발달에도 영향을 미치게 된다. 이와 마찬가지로 교사는 영유아의 다양한 발달에 영향을 미치는 중요한 요소가 된다. 특히, 교사의 상호작용은 영유아의 신체 · 인지 · 언어 · 사회 및 정서발달에 총체적인 영향을 주게 되어 영유아가 통합적인 발달을 형성할 수 있도록 돕는다.

1) 상호작용의 개념

상호작용이란 둘 이상의 사람이 서로 영향을 주고받는 행동을 의미한다. 다시 말해 상호작용은 사람과 사람 사이의 사회적 기술과 태도를 주고받는 모든 과정이라고도 할 수 있다(Hollander, 1995).

상호작용의 유형을 살펴보게 되면 상호작용에 대한 개념 이해에 도움이 될 수 있다. 학자들은 상호작용의 유형을 다양하게 보고 있다. 구체적으로 아넷(Arnett, 1989)은 상호작용의 유형을 두 가지로 구분하였다. 하나는 민감하고 관대한 유형이며 다른 하나는 엄격하고 무관심한 유형이다. 이는 관심의 정도로 상호작용을 구분하는 요소로 여기고 있음을 알 수 있다. 말라마흐(Malamah, 2004)는 상호작용의 유형을 언어적 상호작용과 비언어적 상호작용으로 나누었다. 언어적 상호작용은 정보 제공하기, 개방적 질문하기, 가르침 제공하기가 있으며, 비언적 상호작용은 미소 짓기, 쓰다듬기, 눈 맞추기, 안아주기, 유아들의 눈높이에 맞추기 위한 자세 낮추기 행동 등을 포함한다. 이는 언어와 행동으로 전달되는 모든 것들이 상호작용을 의미하고 있음을 시사한다. 이은해와 이기숙(1996)의 연구에서는 상호작용의 유형을 정서적 상호작용, 언어적 상호작용, 행동적 상호작용으로 구분하였다. 이러한 상호작용의 구분은 상호작용을 통하여 서로에게 내면적 · 외면적 영향을 미치게 됨을 의미한다.

2) 교사-영유아 상호작용의 개념 및 중요성

교사는 유아교육기관에서 영유아의 요구에 대해 수용하고 반응하면서 민감하고 적절한 상호작용을 통해 영유아의 발달을 도우며 교육의 질을 향상시킬 수 있다. 즉, 영유아는 교사와의 적절한 상호작용을 통해 교사에게 안정적 애착을 형성하게 된다. 영유아의 교사에 대한 안정된 애착은 영유아의 사회 · 정서적, 인지적 능력을 향상시킬 수 있다(Kontos & Wilcox-Herzog, 1997). 이렇게 교사와 영유아가 신뢰로운 관계를 형성하게 되면 교사의 언어적 의사소통은 영유아들의 언어발달을 증진시키게 된다.

유아교육기관에서 교사-영유아 상호작용은 영유아의 등원 시부터 시작되어 영유아가 유아교육기관에 머물고 있는 동안 계속적으로 이루어진다. 2020년부터 적용되는 개정 누리과정에서는 교사가 교수-학습을 계획하고 실시하면서 유아에게 지원해야 할 사항들을 명시하고 있다. 우선 교사는 유아가 흥미와 관심에 따라 놀이에 자유롭게 참여하고 즐기도록 지원하여야 한다. 또한 유아가 놀이를 통해 배우도록 하며 다양한 놀이와 활동을 경험할 수 있도록 실내 · 외 환경을 구성해야 한다. 이와 더불어 유아와 유아, 유아와 교사, 유아와 환경 간의 능동적인 상호작용이 이루어지도록 해야 한다(교육부, 2019). 이에 교사는 유아가 흥미로워할 만한 놀이환경을 제공하고 놀이에 개입하며 능동적인 상호작용을 통해 유아의 사회적 상호작용을 고무시키는 역할을 해야 한다.

교사는 교사로서 전문성을 갖추고 교육 프로그램을 결정하며 질 높은 교육을 실현해야 한다(Katz, 1984). 즉, 유아교육기관의 교사는 교사의 역량에 따라 교육의 내용, 교수-

학습과정 평가 등이 결정되므로 교사가 갖는 지식과 상호작용능력 등이 매우 중요하다.

교사-영유아 상호작용의 유형을 살펴보면, 정서적 상호작용(emotional interaction), 언어적 상호작용(verbal interaction), 행동적 상호작용(behavioral interaction)으로 구분할 수 있다(이은해, 이기숙, 1996). 정서적 상호작용은 교사가 영유아에게 친절하게 대하고 미소를 지으며 개별적 요구에 민감하게 반응하며 편안하고 허용적인 분위기를 마련해 주어 영유아가 안정된 정서를 갖게 하는 상호작용 유형이다. 이를 통해 영유아는 자신의 생각과 느낌을 자유롭게 표현하고 흥미와 관심에 따라 활동할 수 있게 된다.

교사의 언어적 상호작용은 영유아를 대할 때 안정감 있는 목소리와 따뜻한 어감의 목소리로 영유아에게 민감하게 반응하는 말이다. 이와 더불어 영유아도 교사에게 자유롭게 언어적 표현을 할 수 있게 지원해주는 상호작용을 의미한다.

행동적 상호작용은 교사가 영유아에게 하는 적절한 스킨십, 영유아의 말이나 행동에 민감하게 반응하는 행동, 영유아의 눈높이를 맞추기 위한 행동 등의 상호작용이다. 이러한 교사의 행동으로 인해 영유아는 이를 모방하기도 하고 긍정적인 행동으로 표현하기도 한다. 이렇듯 교사가 상황에 적절하고 개별 영유아의 발달에 적합한 상호작용을 하면 영유아는 자존감이 향상되며 전생애에 걸친 조화로운 발달에 도움이 된다.

3) 어린이집 평가에서의 교사-영유아 상호작용

교사-영유아 상호작용에 대한 중요성이 현장에서 인식됨에 따라 제4차 어린이집 평가인증 안내 통합지표(보건복지부, 2020)에 교사-영유아 상호작용 지표가 강화되면서, 한국보육진흥원에서는 2022년 '2022 어린이집 평가 매뉴얼'을 새롭게 개발하였다(한국보육진흥원, 2022).

표 7-1 평가영역 1. 보육과정 및 상호작용

평가지표	평가항목		비고
1-1 영유아 권리 존중	1-1-1	교사는 영유아를 존중한다.	
	1-1-2	교사는 영유아를 차별 없이 대한다.	
1-2 보육계획 수립 및 실행	1-2-2	영유아가 편안한 분위기에서 일상경험을 할 수 있도록 운영한다.	
1-3 놀이 및 활동 지원	1-3-1	교사는 놀이와 활동이 영유아의 자발적 선택에 의해 주도적으로 이루어지도록 격려한다.	
	1-3-2	교사는 영유아의 놀이상황을 관찰하면서 놀이와 관련된 상호작용을 한다.	
1-4 영유아 간 상호작용 지원	1-4-1	교사는 영유아의 감정에 공감하고 스스로의 감정을 다룰 수 있도록 돕는다.	
	1-4-2	교사는 영유아가 일상에서 자신의 의견, 생각 등을 또래와 나눌 수 있도록 격려한다.	
	1-4-3	교사는 영유아가 적절한 약속과 규칙을 지키도록 격려한다.	
	1-4-4	교사는 영유아 간 다툼이나 문제가 발생할 경우 다양한 해결방법을 사용한다.	

〈표 7-1〉에서 보는 것과 같이 평가영역 1인 보육과정 및 상호작용에서 교사-영유아 간의 상호작용에 대한 평가내용을 확인할 수 있다. 보육과정 및 상호작용영역에서 1-4의 평가지표는 '영유아 간 상호작용 지원'으로 교사-영유아의 상호작용을 평가하는 항목임을 확인할 수 있다. 그러나 실제적으로 평가항목을 자세하게 살펴보면, 1-1 '영유아 권리 존중', 1-2 '보육계획 수립 및 실행'과 1-3 '놀이 및 활동 지원'에서도 교사-영유아 상호작용의 내용이 포함된다는 것을 알 수 있다.

먼저 1-1 '영유아 권리 존중' 평가지표는 영유아 인권에 관한 내용으로 어린이집에서 필수적으로 지켜져야 하는 지표이다. 이에 대한 평가항목을 살펴보면, 1-1-1 '교사는 영유아를 존중한다'와 1-1-2 '교사는 영유아를 차별 없이 대한다'로 구분되어 있다. 영유아 권리 존중의 구체적인 평가내용은 〈표 7-2〉와 같다.

표 7-2 영유아 권리 존중 평가내용

구분	평가내용
1-1-1	① 교사는 영유아의 개별적 요구나 질문을 주의 깊게 듣고 적절하게 반응함 ② 교사는 영유아가 이해할 수 있는 내용으로 눈을 마주치며 이야기함 ③ 교사는 인정과 격려를 통해 영유아의 말과 행동, 생각 및 감정을 지지해 줌 ④ 교사는 위협, 비난, 조롱 등 부정적 언어를 사용하지 않음
1-1-2	① 교사는 영유아의 사회·경제적 지위, 문화적 배경, 종교, 인종, 성별, 신체적 능력에 대해 차별적인 말과 행동을 하지 않음 ② 교사는 영유아의 외모, 옷차림, 성격, 행동 등을 평가하지 않음

이러한 평가내용은 교사가 영유아에게 언어적·비언어적으로 긍정적인 상호작용을 하는지를 살펴보는 내용이라고도 볼 수 있으며 이러한 긍정적 상호작용이 영유아를 존중하는 방안임을 의미한다. 또한 교사의 말과 행동에서 비난하거나 무시하지 않고 존중하는 태도를 보여야 하는 긍정적 상호작용과 연계된 내용이라고 할 수 있다.

두 번째 평가지표인 1-2 '보육계획 수립 및 계획'에서 평가항목 1-2-2 '영유아가 편안한 분위기에서 일상경험을 할 수 있도록 운영한다'는 교사-영유아 상호작용이 필요한 부분이다. 보육계획 수립 및 계획의 구체적인 평가내용은 〈표 7-3〉과 같다.

표 7-3 보육계획 수립 및 계획

구분	평가내용
1-2-2	① 등원 시 영유아를 반갑게 맞이하고, 하원 시 안정된 분위기에서 귀가하도록 지도함 ② 식사와 간식시간에 서두르지 않고 편안히 먹을 수 있도록 지도함 ③ 영유아의 연령(월령)과 준비 정도, 개인차를 고려하여 배변경험이 개별적으로 일관되게 이루어지도록 지도함 ④ 영유아의 개별적 특성을 고려하여 편안하게 잠들 수 있는 환경과 분위기를 마련해 줌

보육계획 수립 및 계획에 대한 평가내용에서 편안하고 안정된 분위기와 반갑게 맞이하고 개별적인 지도 등의 내용은 상호작용과 관련되어 있다.

보육과정 및 상호작용영역의 세 번째 평가지표인 1-3 '놀이 및 활동 지원'에서 1-3-1 '교사는 놀이와 활동이 영유아의 자발적 선택에 의해 주도적으로 이루어지도록 격려한다', 1-3-2 '교사는 영유아의 놀이상황을 관찰하면서 놀이와 관련된 상호작용을 한다'는 항목은 교사-영유아 상호작용과 관련이 있는 항목으로 볼 수 있다. 놀이 및 활동지원의 구체적인 평가내용은 〈표 7-4〉와 같다.

표 7-4 놀이 및 활동 지원의 평가내용

구분	평가내용
1-3-1	① 교사는 놀이시간에 영유아가 자유롭게 탐색하여 놀이와 활동을 자발적으로 할 수 있도록 지원함 ※ 영아: 의도적인 대집단 활동을 실시하지 않음 ② 교사는 개별 영유아가 좋아하는 놀이와 활동을 주도적으로 진행하도록 격려함 ③ 놀이에 참여하지 못하고 배회하거나 방관하는 영유아가 있는 경우, 영유아가 놀이에 자발적인 흥미를 가질 수 있도록 지원함
1-3-2	① 교사는 실내 자유놀이 및 바깥놀이시간에 놀이와 활동이 이루어지는 장소 전체를 수시로 살펴 영유아의 놀이 진행과정을 파악함 ② 교사는 영유아의 놀이상황을 관찰하면서 놀이와 관련하여 적절한 수준의 지원을 함 ③ 교사는 영유아의 놀이와 활동에 즐겁게 참여함

교사-영유아 상호작용의 유형을 정서적 · 언어적 · 행동적 상호작용이라고 보았을 때, 이 항목의 내용은 정서적 상호작용이 근본적으로 이루어져야 가능한 부분이다. 1-3-1의 ①의 내용에서는 교사의 영유아에 대한 긍정적 수용과 인정이 필요한 내용이며 4차 표준교육과정에서는 영유아 중심, 놀이 중심을 강조하는 평가내용이다. ②의 내용에서는 교사의 긍정적인 정서적 · 언어적, 행동적 상호작용이 필요한 내용이라고 볼 수 있다. ③의 내용에서는 영유아에게 교사의 개별적인 상호작용이 필요함을 강조하고 있다. 1-3-2는 영유아의 개별적 요구에 민감하게 반응하기 위한 교사의 상호작용

의 일환이라고 할 수 있다. 또한 놀이 상황에서 교사가 해야 하는 언어적 상호작용, 발문 등이 포함될 수 있다.

2022 어린이집 평가지표에서 교사-영유아 상호작용 관련 지표는 1-4 '영유아 간 상호작용 지원'이 대표적이라고 볼 수 있다. 이에 대한 평가항목은 1-4-1 '교사는 영유아의 감정에 공감하고 스스로의 감정을 다룰 수 있도록 돕는다', 1-4-2 '교사는 영유아가 일상에서 자신의 의견, 생각 등을 또래와 나눌 수 있도록 격려한다', 1-4-3 '교사는 영유아가 적절한 약속과 규칙을 지키도록 격려한다', 1-4-4 '교사는 영유아 간 다툼이나 문제가 발생할 경우 다양한 해결방법을 사용한다'가 있다. 이 평가지표에는 교사의 정서적 상호작용, 언어적 상호작용, 행동적 상호작용이 모두 포함되어 있다. 영유아 간 상호작용 지원에 대한 구체적인 평가내용은 〈표 7-5〉와 같다.

표 7-5 영유아 간 상호작용 지원 평가내용

구분	평가내용
1-4-1	① 영유아가 불안정하고 부정적인 정서를 표현할 때 그대로 수용하고 안정감을 느끼도록 반응함 ② 영유아의 정서 상태나 기분을 파악하여 언어적, 비언어적으로 반응하며 수용함
1-4-2	① 교사는 영유아가 자신의 감정이나 생각을 또래에게 말로 표현하도록 격려함 ② 교사는 놀이나 활동상황에서 또래 간 학습이 일어나도록 영유아 간의 상호작용을 격려함
1-4-3	① 반별로 영유아의 연령과 발달수준에 적합한 최소한의 약속과 규칙이 있음 ② 교사는 영유아가 약속과 규칙을 자율적으로 지켜가도록 일상에서 반복적이고 일관되게 격려함
1-4-4	① 교사는 영유아 간 다툼이나 문제상황이 발생하지 않도록 놀잇감과 공간을 충분히 확보함 ② 영유아 간 다툼이나 문제상황이 발생했을 경우, 연령에 적합하게 개입함 ③ 영유아가 다양한 긍정적 해결방안을 사용하도록 격려함(요청, 교환, 함께 쓰기, 번갈아 하기)

2. 교사의 발문

유아교육기관에서 교사의 중요한 역할 중에 하나는 발문이다. 교사의 발문은 영유아의 사고의 발달 및 확장을 유발하는 출발점이 되기도 한다. 또한 영유아의 다양한 사고를 유발하는 교사의 발문은 여러 가지 언어적 표현을 이끌어 내기도 한다. 유아교육기관에서의 영유아의 일과는 지속적인 교사와의 상호작용이 이루어지는데, 교사의 언어적 상호작용에서 발문은 중요한 부분을 차지한다.

1) 발문의 개념

발문이란 지식을 가지고 있는 사람이 지식을 가지고 있지 않은 사람에게 질문을 통하여 해답을 찾는 과정에서 다양한 측면의 사고를 하고 답을 찾게 되는 질문기법이다(한국교육심리학회, 2000). 질문을 통해 교육하는 방식의 역사는 소크라테스 시대부터 사용되어 온 교수법이다. 소크라테스의 질문법은 대화, 즉 질문을 통하여 상대방이 논리를 따라올 수 있도록 하며 내용의 진리를 추구할 수 있도록 하여 생각을 유도하는 방법이다(김윤순, 2018). 이러한 측면에서 발문이라는 것은 질문을 통한 교수방법임을 알 수 있다.

2) 교사의 발문

교사의 발문은 교사가 학습자의 사고활동을 활발하게 유발하기 위한 문제제기이다. 플랜더스(Flanders, 1970)의 연구에서 수업시간에 이루어지는 문답과정을 분석한 결과, 단위 수업시간 동안 교사와 학생의 언어적 상호작용이 67% 정도 이루어지고 있었으며,

이러한 수업의 질을 결정하는 데 교사의 발문이 중요하다고 주장하고 있다. 블로저(Blosser, 1991)는 교사의 발문을 통하여 학생의 이해도를 알아볼 수 있기도 하고 학습 전 학생의 사전지식의 수준을 측정하는 데도 사용될 수 있다고 하였다. 영유아기의 사고는 언어의 발달과 통합적으로 이루어지며 아직 사고의 발달이 미흡한 단계이다. 영유아의 사고를 확장시키고 능력을 함양시키기 위한 방안 중에 하나는 성인의 발문이 중요한 역할을 하게 된다. 따라서 교사의 발문은 영유아들의 사고를 촉진하고 능동적인 탐구능력을 증진시키는 데 그 목적이 있다(한국교육심리학회, 2000). 교사의 발문은 〈표 7-6〉과 같은 목적을 갖는다(Cole & Chan, 1994).

표 7-6 교사 발문의 목적

- 학습자와의 언어적 상호작용을 통하여 의사소통을 활발하게 한다.
- 주제에 대하여 관심을 집중시킨다.
- 교과에 대한 학생 이해도와 지식을 평가한다.
- 학습자가 교과내용의 본질에 대하여 이해하는 데 도움을 준다.
- 특정 부분의 사고와 인지적 활동을 자극한다.
- 학생의 사회적 행동을 통제한다.

이러한 목적으로 볼 때, 유아교육기관의 교사 발문은 영유아와의 언어적 의사소통으로 영유아의 의소소통 발달, 사고의 촉진, 주제에 관심을 갖고 능동적으로 탐구하는 능력 증진, 사물의 본질에 대한 이해 증진 등에 도움을 줄 수 있다. 교사의 발문으로서 바람직한 발문의 조건은 〈표 7-7〉과 같다(김향숙, 2007).

표 7-7 바람직한 발문의 조건

• 명확하고 간결한 발문 • 구체적인 발문 • 영유아의 사고를 자극하는 발문 • 개인차를 고려한 발문 • 생각할 것이나 시간을 제공하는 발문 • 둘 이상의 응답을 할 수 있는 발문

블로저(1994)는 발문의 유형을 폐쇄적 발문, 개연적 발문, 운영적 발문, 수사적 발문으로 구분하였다. 폐쇄적 발문과 개연적 발문은 사고수준에 따른 분류이며 운영적 발문은 일상적인 학급의 상황에서 조정을 위한 것이고 수사적 발문은 요점을 강조하기 위한 발문이다.

폐쇄적 발문은 인지 기억적 발문과 수렴적 발문으로 나뉘어질 수 있다. 인지 기억적 발문은 기억하는 내용 등을 재연할 수 있도록 하는 발문이다. 수렴적 발문은 기억하고 있는 자료를 분석하거나 종합하게 하는 것이다. 또한 개연적 발문은 확산적 발문과 평가적 발문으로 구분할 수 있다. 확산적 발문은 정보가 부족한 상황에서 영유아가 자유롭게 정보를 산출해 보게 하는 발문이다. 평가적 발문은 사실문제보다 가치문제를 다루는 것으로 자신의 반응에 스스로 정당화하도록 요구하는 발문이다. 이러한 발문의 유형을 영유아에게 적용하는 교사의 발문으로 활용할 수 있을 것이다.

3. 학습환경

유아교육기관에서 영유아에게 언어적 환경은 일상생활에서부터 수업에 이르기까지 모든 영역, 시간과 공간 등에서 존재하고 있다고 해도 과언이 아니다. 이에 따라 교실의 물리적 환경과 교사의 교육과정 내의 역할을 살펴보면 다음과 같다.

1) 교실의 물리적 환경

영유아들의 언어발달을 촉진할 수 있는 교실의 물리적 환경을 제공해야 한다. 환경구성을 위해서는 우선 유아교육기관의 여러 공간에 영유아들이 언어를 쉽게 접할 수 있도록 다양한 자료를 제공해 주어야 한다. 일상생활에서 영유아들이 자연스럽게 문자를 접하게 되는데, 이를 환경문자라고 한다(남규 외, 2018). 이러한 환경문자를 활용하여 유아교육기관의 언어환경구성을 하였을 때, 영유아들은 일상생활의 문자를 유아교육기관에서 다시 접하게 되고 관심 있는 문자들을 다양한 방법으로 보게 된다. 이러한 의미에서 환경구성은 영유아의 실생활을 반영하는 의미 있는 것이어야 할 것이다. 다음으로 교실환경에 제시된 기능문자들을 영유아들이 경험하도록 하는 것이다. 유아교육기관에서 준비된 다양한 기능과 구조의 문자들을 영유아들은 경험하게 되고 언어가 의미를 전달하는 기능을 가지고 있음을 자연스럽게 알도록 도와준다.

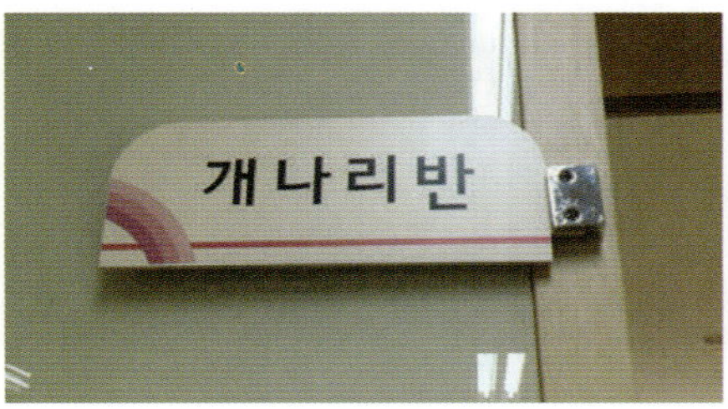

그림 7-1 기능문자

그림 7-2 환경문자

그림 7-3 예술경험영역의 언어적 환경

그림 7-4 사회관계영역의 언어적 환경

그림 7-5 의사소통영역의 언어적 환경

그림 7-6 자연탐구영역의 언어적 환경

2) 누리과정의 언어적 환경

2013년 제정된 '3~5세 연령별 누리과정'은 현재까지 우리나라 유아를 위한 국가수준의 공통과정으로 기능하고 있으며, 2019년 개정 누리과정에서는 유아 중심, 놀이 중심의 교육과정을 표방하고 있다. 누리과정 개정안을 살펴보면, 신체운동 · 건강, 의사소통, 사회관계, 예술경험, 자연탐구의 5개 영역을 중심으로 구성하게 되어 있으며 교수-학습 방법에서는 5개 영역의 내용을 통합하여 유아의 경험과 연계하도록 구성되어 있다.

누리과정 개정안의 의사소통영역에서 목표는 '일상생활에서 필요한 의사소통능력과 상상력을 기른다'이며, '① 일상생활에서 듣고 말하기를 즐긴다, ② 읽기와 쓰기에 관심을 가진다, ③ 책이나 이야기를 통해 상상하기를 즐긴다'이다. 따라서 구성의 5개 영역의 내용을 통합하는 것과 일상생활에서 필요한 의사소통능력 및 상상력을 기르기 위한 환경구성에 대하여 고려할 필요가 있다.

누리과정의 내용범주에는 '듣기와 말하기, 읽기와 쓰기에 관심 가지기, 책과 이야기 즐기기'가 있다. 영유아의 유아교육기관에서 교사는 상호작용을 통하여 유아의 듣기과 말하기의 내용을 충족해 줄 수 있는 역할을 해야 한다. 또한 교사는 발문을 통하여 유아가 적절하게 자신의 경험, 느낌, 생각 등을 자유롭게 이야기할 수 있는 분위기와 기회를 제공해 줄 필요가 있다. 누리과정의 5개 영역을 유아가 경험하도록 하기 위해 언어적 환경을 자연스럽게 제공하고 교사는 언어의 활자를 읽어준다거나 써보는 경험을 제공해 주어야 한다.

Chapter 08

언어교육의 평가

배울내용

1. 언어발달평가의 목표와 방향
2. 언어발달평가방법
3. 언어발달 인적 지원 환경평가

학습목표

1. 영유아 언어발달평가의 목표와 방향을 이해한다.
2. 영유아 언어발달평가방법의 종류를 파악하고 구체적인 평가방법 기술을 숙지한다.
3. 영유아 언어발달 인적 자원 환경평가기술을 숙지한다.

1. 언어발달평가의 목표와 방향

영유아 언어발달평가의 목적은 영유아의 언어발달수준과 발달과정을 파악하여 영유아의 언어발달을 향상시키는 데 있다. 교사는 평가결과를 토대로 발달에 적합한 언어 활동의 계획, 교수자료 선정, 효과적인 교수-학습방법을 모색할 수 있으며, 부모상담 시에 활용할 수 있다. 따라서 교사는 영유아들의 언어발달수준을 가장 객관적이고 효율적으로 평가할 수 있는 방법과 절차에 대한 지식을 갖추어야 한다. 영유아기 언어발달평가의 목적은 〈표 8-1〉과 같다(남규 외, 2018).

표 8-1 언어발달평가의 목적

- 형식적 또는 비형식적인 방법을 활용하여 영유아의 활동을 관찰, 기록함으로써 영유아의 언어학습 정도를 이해하여 다음 교수활동계획을 수립하기 위한 것이다.
- 영유아의 언어학습에서의 성취와 발달을 평가하고 보고하기 위한 것이다.
- 실행한 유아언어교육 프로그램을 평가하기 위한 것이다.
- 교사의 언어교육에서의 전문성을 개선하기 위한 정보를 제공하기 위한 것이다.

최근 영유아 언어교육의 방향은 통합교육과정을 강조하고 있으며, 학습의 결과보다는 학습의 과정을 중요시한다. 따라서 영유아의 언어발달평가 또한 최근 언어교육의 철학과 방향을 고려하여 기계적 암기보다는 개념 이해, 자율적 태도 형성에 초점을 맞춘 평가도구를 활용하는 것이 필요하다. 유아교육기관에서는 평가를 위한 별도의 시간을 갖기 보다 유아들이 활동하는 과정중에 이루어지므로 유아들이 활동하는 가운데 평가가 이루어지기 때문에 교사는 다양한 평가방법과 실제를 익혀 평가가 교수활동의 자연스러운 일부분이 되도록 하는 것이 중요하다. 영유아들의 언어발달에 대한 평가의 기본 방향과 과정을 살펴보면 〈표 8-2〉와 같다.

표 8-2 언어발달에 대한 평가의 기본방향과 과정

• 영유아들의 발달적 특성을 고려하여 형식적 평가 이외에도 비형식적 평가, 발달에 적합한 평가를 통해 영유아 언어발달과정 및 수준에 대한 정보를 수집하도록 한다. 유아의 발달에 적합한 평가는 유아가 무엇을 어떻게 하였으며, 무엇을 할 수 있는지 등 수행에 기초한 과정 중심의 평가를 의미한다. • 평가는 유아 언어교육의 질적인 개선과 유아의 언어적 능력발달 및 학습을 위해 체계적이고 지속적이며, 다면적 평가가 이루어져야 한다. 이를 위해 영유아 언어발달에 대한 종합적 평가체계를 수립하여 관찰자료, 표준화 검사, 작품수집, 면담 등과 같은 다양한 평가양식을 활용하여 영유아 언어행동 변화를 이해하도록 한다. • 영유아 언어발달평가는 타당하고 적합한 평가도구를 활용하여 영유아 언어교육의 목적 및 내용과 연계하여 이루어져야 한다. 평가는 영유아의 언어적 지식, 기술 및 태도를 증진시키고자 하는 목적에 따라 이들의 진보와 성취를 평가해야 하며 듣기, 말하기, 읽기, 쓰기의 이해와 같은 언어교육내용에 대한 균형 있는 평가가 중요하다.

출처: 이지현 외(2017). 영유아를 위한 언어교육. 공동체.

2. 언어발달평가방법

1) 관찰법

관찰법이란 자연스러운 상황과 환경에서 영유아의 행동을 자세히 관찰하여 기록한 후 분석하는 방법이다. 영유아의 언어발달에 대한 관찰은 유아교육기관의 하루 일과 중에 자연스럽게 이루어짐으로써 언어활동에 대한 이해, 능력을 평가할 수 있으며, 정의적인 측면인 태도나 흥미 등을 평가할 수 있다. 관찰 시에는 있는 사실을 기록할 수 있는 객관적인 기록이 무엇보다 중요하다(남규 외, 2018).

관찰법에서 파악해야 할 관찰내용은 평가의 목적이나 교육과정의 목표와 관련지어 생각해야 한다. 영유아 언어발달을 관찰하기 위해서는 영유아 언어교육목표를 이해하는 것이 중요하다. 즉, 영유아기에 반드시 성취해야 할 언어적 지식과 기술들이 무엇인지를 파악해야 한다. 영유아의 언어지식은 음성언어와 문자언어를 모두 포함한다. 관찰법을 사용하여 영유아들의 언어발달 정도를 평가할 때 〈표 8-3〉과 같은 내용을 중심으로 평가할 수 있으며(박경자, 2001; 이지현 외, 2017), 한국 영유아 발달선별검사의 언어영역에 대한 평가의 예는 〈표 8-4〉, 〈표 8-5〉, 〈표 8-6〉, 〈표 8-7〉, 〈표 8-8〉, 〈표 8-9〉와 같다.

표 8-3 영유아 언어발달평가 관찰내용

구분	내용
영아	• 어떤 상황에서 어떤 소리를 내는가?(예: 말하는 성인/다른 영아/움이지는 장난감/음악 장난감) • 교사나 성인의 존재 유무가 영아가 소리를 내는 것에 어떤 영향을 미치는가? • 최근 영아가 새롭게 소리 낸 것이 있는가? 있다면 어떤 소리인가? • 다른 사람이 자신에게 말한 단어들을 따라 하려고 하는가? 어떤 단어인가? • 옹알이를 하는가? 어떤 상황에서 하는가? • 무슨 말인지 정확하지는 않으나 모국어의 리듬과 억양과 같은 소리를 내는가? • 두 세 음절로 소리를 합성할 수 있는가? • 다른 사람이 자신에게 말한 것을 어느 정도 이해하는가?
유아	• 언어를 사회적 목적으로 사용하는가?(예: 욕구 표현/기쁨 공유/불평/요구 및 통제) • 어른을 향한 언어가 더 많은가, 다른 유아를 향한 언어가 더 많은가, 아니면 비슷한가? • 하루 일과를 충분히 이어갈 수 있을 만큼 의사소통을 잘 하는가? • 남과 의사소통하기 위한 말과 자신에게 하는 말이 각각 어느 정도인가? • 시간, 원인, 장소, 정도를 나타내는 단어를 사용하는가? • 읽어주는 사람의 표정, 행동 등 비언어적 단서를 사용하여 의미를 파악하는가? • 이야기의 순서가 논리적이고 일관성이 있는가? • 사용하는 어휘가 목적에 적합한가? • 또래에 비해 어휘 수가 많은가, 아니면 적은가? • 단어, 절, 문장으로 말할 수 있는가? 어순이 맞는가? • 언어의 규칙성을 이해하는가?(예: 걷다-걸었다) • 어떤 단어를 발음하는 데 어려움을 느끼는가?

출처: 박경자(2001). 유아행동관찰. 학지사.

표 8-4 한국 영유아발달선별검사 언어영역(4~5개월용)

잘 할 수 있다 ③ | 할 수 있는 편이다 ② | 하지 못하는 편이다 ① | 전혀 할 수 없다 ⓪

번호	문항	응답	번호	문항	응답
1	"아", "우", "이" 등 의미 없는 발성을 한다.	③ ② ① ⓪	5	두 입술을 떨어서 내는 투레질 소리(젖먹이가 하는 '푸푸' 같은 소리)를 낸다.	③ ② ① ⓪
2	아이를 어르거나 달래면 옹알이로 반응한다.	③ ② ① ⓪	6	"브", "쁘", "프", "므"와 비슷한 소리를 낸다.	③ ② ① ⓪
3	웃을 때 소리를 내며 웃는다.	③ ② ① ⓪	7	"엄마" 또는 "아빠"와 비슷한 소리를 낸다(의미 없이 내는 소리도 포함된다).	③ ② ① ⓪
4	장난감이나 사람을 보고 소리를 내어 반응한다.	③ ② ① ⓪	8	아이에게 "안돼요."라고 하면, 짧은 순간이라도 하던 행동을 멈추고 목소리에 반응한다.	③ ② ① ⓪

표 8-5 한국 영유아발달선별검사 언어영역(12~13개월용)

잘 할 수 있다 ③ | 할 수 있는 편이다 ② | 하지 못하는 편이다 ① | 전혀 할 수 없다 ⓪

번호	문항	응답	번호	문항	응답
1	동작을 보여주지 않고 말로만 "빠이빠이", "짝짜꿍", "까꿍"을 시키면 최소한 한 가지를 한다.	③ ② ① ⓪	5	동작을 보여주지 않고 말로만 "주세요.", "오세요.", "가자.", "밥 먹자."를 말하면 두 가지 이상은 뜻을 이해한다.	③ ② ① ⓪
2	엄마에게 "엄마", 혹은 아빠에게 "아빠"라고 말한다.	③ ② ① ⓪	6	"좋다(예).", "싫다(아니오)."를 고개를 끄덕이거나 몸을 흔들어 표현한다.	③ ② ① ⓪
3	자음과 모음이 합쳐진 소리(자음 옹알이)를 낸다. (예: "다", "가", "모", "버", "더" 등)	③ ② ① ⓪	7	"엄마", "아빠" 외에 말할 줄 아는 단어가 하나 더 있다. (예: '무(물)', '우(우유)'처럼 평소 아이가 일정하게 의미를 두고 하는 말)	③ ② ① ⓪
4	원하는 것을 손가락으로 가리킨다.	③ ② ① ⓪	8	보이는 곳에 공을 두고 "공이 어디 있어요?" 하고 물어보면 공이 있는 방향을 쳐다본다.	③ ② ① ⓪

표 8-6 한국 영유아발달선별검사 언어영역(24~26개월용)

잘 할 수 있다 ③ | 할 수 있는 편이다 ② | 하지 못하는 편이다 ① | 전혀 할 수 없다 ⓪

번호	문항	응답	번호	문항	응답
1	그림책 속에 등장하는 사물의 이름을 말한다. (예: 신발을 가리키며 "이게 뭐지?"하고 물으면 신발이라고 말한다.)	③ ② ① ⓪	5	단어의 끝 억양을 높임으로써 질문의 형태로 말한다.	③ ② ① ⓪
2	정확하지는 않아도 두 단어로 된 문장을 따라 말한다. (예: "까까 주세요.", "이게 뭐야?"와 같이 말하면 아이가 따라 말한다.)	③ ② ① ⓪	6	자기 물건에 대해 '내 것'이란 표현을 한다.	③ ② ① ⓪
3	'나', '이것', '저것' 같은 대명사를 사용한다.	③ ② ① ⓪	7	손으로 가리키거나 동작으로 힌트를 주지 않아도, "식탁 위에 컵을 놓으세요."라고 말하면 아이가 바르게 수행한다.	③ ② ① ⓪
4	다른 의미를 가진 두 개의 단어를 붙여 말한다. (예: "엄마 우유.", "장난감 줘.", "과자 먹어.")	③ ② ① ⓪	8	'안에', '위에', '밑에', '뒤에' 중에서 두 가지 이상의 뜻을 이해한다.	③ ② ① ⓪

표 8-7 한국 영유아발달선별검사 언어영역(36~41개월용)

잘 할 수 있다 ③	할 수 있는 편이다 ②	하지 못하는 편이다 ①	전혀 할 수 없다 ⓪

번호	문항	평가
1	"이름이 뭐예요?"하고 물으면, 성과 이름을 모두 말한다.	③ ② ① ⓪
2	다른 의미를 가진 네 단어 이상을 연결하여 문장으로 말한다. (예: "장난감 사러 가게에 가요.")	③ ② ① ⓪
3	'~했어요.'와 같이 과거형으로 말한다.	③ ② ① ⓪
4	간단한 대화를 주고받는다.	③ ② ① ⓪
5	완전한 문장으로 이야기한다. (예: "멍멍이가 까까를 먹었어.")	③ ② ① ⓪
6	'-은', '-는', '-이', '-가'와 같은 조사를 적절히 사용하여 문장을 완성한다. (예: "고양이는 '야옹'하고 울어요.", "친구가 좋아요.")	③ ② ① ⓪
7	같은 분류에 속한 것을 적어도 세 가지 이상 말한다. (예: 동물을 말하도록 시키면, '강아지', '고양이', '코끼리'와 같이 말한다.)	③ ② ① ⓪
8	'~할 거예요.', '~하고 싶어요.'와 같이 미래에 일어날 일을 상황에 맞게 표현한다.	③ ② ① ⓪

표 8-8 한국 영유아발달선별검사 언어영역(48~53개월용)

잘 할 수 있다 ③	할 수 있는 편이다 ②	하지 못하는 편이다 ①	전혀 할 수 없다 ⓪

번호	문항	평가
1	'-은', '-는', '-이', '-가'와 같은 조사를 적절히 사용하여 문장을 완성한다. (예:"고양이는 '야옹'하고 울어요.", "친구가 좋아요.")	③ ② ① ⓪
2	같은 분류에 속한 것을 적어도 세 가지 이상 말한다. (예: 동물을 말하도록 시키면, '강아지', '고양이', '코끼리'와 같이 말한다.)	③ ② ① ⓪
3	'~할 거예요.', '~하고 싶어요.'와 같이 미래에 일어날 일을 상황에 맞게 표현한다.	③ ② ① ⓪
4	그날 있었던 일을 이야기한다.	③ ② ① ⓪
5	친숙한 단어의 반대말을 말한다. (예: 덥다 ↔ 춥다, 크다 ↔ 작다)	③ ② ① ⓪
6	간단한 농담이나 빗대어서 하는 말의 뜻을 알아차린다.	③ ② ① ⓪
7	단어의 뜻을 물어보면 설명한다. (예: "신발이 뭐야?" 라는 질문에 "밖에 나갈 때 신는 거요."와 같은 대답을 할 수 있다.)	③ ② ① ⓪
8	가족 이외의 사람도 이해할 수 있을 정도로 모든 단어의 발음이 정확하다.	③ ② ① ⓪

표 8-9 한국 영유아발달선별검사 언어영역(60~65개월용)

잘 할 수 있다 ③	할 수 있는 편이다 ②	하지 못하는 편이다 ①	전혀 할 수 없다 ⓪

번호	문항	평가
1	친숙한 단어의 반대말을 말한다. (예: 덥다 ↔ 춥다, 크다 ↔ 작다)	③ ② ① ⓪
2	간단한 농담이나 빗대어서 하는 말의 뜻을 알아차린다.	③ ② ① ⓪
3	단어의 뜻을 물어보면 설명한다. (예: "신발이 뭐야?"라는 질문에 "밖에 나갈 때 신는 거요." 와 같은 대답을 할 수 있다.)	③ ② ① ⓪
4	'만약~라면 무슨 일이 일어날까?'와 같이 가상의 상황에 대한 질문에 대답한다. (예: "동생이 있으면 어떨까?")	③ ② ① ⓪
5	이름이나 쉬운 단어 2~3개를 보고 읽는다.	③ ② ① ⓪
6	가족 이외의 사람도 이해할 수 있을 정도로 모든 단어의 발음이 정확하다.	③ ② ① ⓪
7	끝말잇기를 한다.	③ ② ① ⓪
8	자기 이름이나 2~4개의 글자로 된 단어를 보지 않고 쓸 수 있다. (예: 동생, 신호등, 대한민국)	③ ② ① ⓪

교사는 관찰을 통해 개별 유아에 대한 기술적 정보를 얻게 됨으로써 교수-학습을 위한 효과적인 자원으로 활용할 수 있다. 일반적으로 언어교육평가에 주로 활용되고 있는 관찰법을 일화기록, 행동목록법, 평정척도법을 중심으로 살펴보면 다음과 같다.

(1) 일화기록

관찰 대상의 언어행동을 묘사하여 기술하는 기록방법으로써 관찰 대상의 언어발달 영역을 이해하는 데 중요한 역할을 하게 되는 것이 바로 일화기록이다(Wortham, 2001). 일화기록은 영유아의 언어발달과 관련된 사건을 관하는 즉시 발생 맥락을 포함하여 구체적이고 객관적인 서술로 기록하는 방법이다. 따라서 정확한 일화기록을 위해서는 사건이 일어난 즉시 순서대로 정확하게 기록하는 것이 중요하다. 그러나 유아교육상황 하에서 즉각적으로 기록하는 데에는 여러 어려움이 발생할 수 있다. 따라서 즉각 기록하지 못할 상황에는 이후 기록을 도울 수 있는 키워드를 누가, 언제, 어디서, 무엇을, 왜를 중심으로 기록하여 이후에 정확한 일화기록을 하는 자료로 활용해야 한다. 일화기록의 특징은 〈표 8-10〉, 일화기록법의 장·단점은 〈표 8-11〉, 활동 결과물을 포함한 일화기록법의 예시는 〈표 8-12〉와 같다.

표 8-10 일화기록의 특징

- 일화기록은 직접 관찰한 것을 기록한다.
- 일화기록은 하나의 사건을 관찰한 즉시, 정확하고 구체적으로 기록한다.
- 일화기록은 관찰행동의 맥락을 포함한다.
- 일화기록 시 관찰상황에 대한 해석은 객관적 관찰상황 제시와 분리하여 별도로 표시하여 제시한다.
- 일화기록은 관찰 대상의 일반적인 행동과 특정 행동 모두에 초점을 맞추어 기록한다.

표 8-11 일화기록법의 장 · 단점

구분	내용
장점	• 유아들이 어떻게 말하고 행동하는지 좀 더 정확하고 분명하게 그때의 상황을 기록할 수 있으며, 사전 준비나 별도의 계획 없이 진행할 수 있다. • 관찰자를 위한 특별한 훈련이 필요하지 않으며, 관찰자가 갖는 흥미의 모든 상황이 관찰의 대상이 될 수 있어 평가를 위한 자료수집의 범위가 넓다.
단점	• 주관적 판단이나 감정을 완전히 배제하기 어렵기 때문에 객관성 유지가 어렵다. • 관찰기록 시 특정 행동을 중심으로 현재시점의 일부만 기록하기 때문에 전체적인 맥락을 이해하기 어렵고, 시간이 지난 후에 기록할 경우 기억의 왜곡이 발생하여 해석 시 오류를 범할 가능성이 있다. • 특정 행동이 얼마나 자주 일어나는지 양적 분석이 불가능하다.

표 8-12 활동결과물을 포함한 일화기록법 예시

관찰대상	채유리	관찰장소	무지개 반 교실
성별	여	관련영역	의사소통영역
관찰상황	유리는 읽기 영역에 있는 《감기에 걸렸어요》 그림책을 꺼내 첫 장부터 마지막까지 순서대로 책장을 넘긴다. 책장을 덮은 후 검은 사인펜과 흰 종이를 가져온다. 책의 표지가 앞으로 오게 놓은 후 흰 종이 위에 책제목을 쓰는데, 책표지를 한 번 본 후 'ㄱ'을 쓰고 책 표지를 보고 'ㅏ'를 쓰고, 책 표지를 한 번 또 본 후 'ㅁ'을 써서 '감'자를 완성한다. 이렇게 책을 번갈아 보면서 흰 종이 위에 '감기에 걸렸어요'를 다 쓴 후 맨 아래 '이름: 채유리'라고 적는다. 자신의 이름까지 다 적은 후 교사에게 종이를 들고 가 보이며 "선생님, 이거 내가 썼어요"라고 말하며 앞니가 보이도록 웃는다.		
평가	유리는 책 보는 것을 즐기며 자기 이름을 쓸 수 있다. 또한 자신의 책 보기 경험의 결과물을 글자 형태로 표현할 수 있다.		

출처: 이미정(1999). 사회극적놀이에서 나타나는 유아의 쓰기 기능 분석. 한국교원대학교 대학원 석사학위 논문에서 인용하여 변형시킨 것임.

(2) 행동목록법

행동목록법(behavior check list)은 관찰자가 관찰 대상 아동의 언어발달 정도에 대한 목록을 사전에 만들어 두고 이에 따라 행동의 출현 유무를 체크하는 방법이다. 이 방법은 관찰시간이 절약되고 유아의 행동을 쉽게 관찰할 수 있으며, 그 결과를 학습계획 및 유아의 행동평가 등에 간편하게 적용할 수 있다(한국유아교육학회, 1996). 또한, 사건이나 행동의 발생 여부에 관심이 있을 때 주로 사용되며, 현장의 교사가 아동의 언어발달 과정에 관심이 있을 때 사용되기도 한다. 언어발달 행동목록기록 양식의 예는 〈표 8-13〉, 〈표 8-14〉와 같다.

표 8-13 의사소통영역 관찰지

관찰 영유아명: 학급명: (만 세) 성별: 남, 여

관 찰 자: 관찰일:

구분	평가항목	평가내용	예	아니오	비고
듣기	낱말과 문장 듣고 이해하기	낱말의 발음에 관심을 가지고 비슷한 발음을 듣고 구별한다.			
		다양한 낱말과 문장을 듣고 그 뜻을 이해한다.			
	이야기 듣고 이해하기	다른 사람의 이야기를 듣고 이해한다.			
		이야기를 듣고 궁금한 것에 대해 질문한다.			
	동요, 동시, 동화 듣고 이해하기	동요, 동시, 동화를 다양한 방법으로 듣고 이해한다.			
		전래동요, 동시, 동화를 듣고 우리말의 재미를 느낀다.			
	바른 태도로 듣기	다른 사람의 이야기를 끝까지 주의 깊게 듣는다.			
말하기	낱말과 문장으로 말하기	정확한 발음으로 말한다.			
		다양한 낱말을 사용하여 상황에 맞게 말한다.			
		일상생활에서 일어나는 일들을 다양한 문장으로 말한다.			
	느낌, 생각, 경험 말하기	자신의 느낌, 생각, 경험을 적절한 낱말과 문장으로 말한다.			
		주제를 정하여 함께 이야기를 나눈다.			
		이야기 지어 말하기를 즐긴다.			
	상황에 맞게 바른 태도로 말하기	듣는 사람의 생각과 느낌을 고려하여 말한다.			
		때와 장소, 대상에 알맞게 말한다.			
		바르고 고운 말을 사용한다.			
읽기	읽기에 흥미 가지기	주변에서 친숙한 글자를 찾아 읽어본다.			
		읽어 주는 글의 내용에 관심을 가지고 읽어 본다.			
	책 읽기에 관심 가지기	책 보는 것을 즐기고 소중하게 다룬다.			
		책의 그림을 단서로 내용을 이해한다.			
		궁금한 것을 책에서 찾아본다.			
쓰기	쓰기에 관심 가지기	말이나 생각을 글로 나타낼 수 있음을 안다.			
		자신의 이름과 주변의 친숙한 글자를 써 본다.			
		자신의 느낌, 생각, 경험을 글자와 비슷한 형태나 글자로 표현한다.			
	쓰기 도구 사용하기	쓰기 도구의 바른 사용법을 알고 사용한다.			

표 8-14 유아의 언어발달 관찰기록지

관찰 영유아 명: 학급명: (만 세) 성별: 남, 여
관 찰 자: 관찰일:

내용	예	아니오
1. 주의 깊게 듣는다.		
2. 기초적인 낱말과 문장을 듣고 이해한다.		
3. 이야기를 듣고 기억해 내어 이야기한다.		
4. 분명한 발음으로 말한다.		
5. 자신의 의견을 분명히 말한다.		
6. 또래와 대화를 할 수 있다.		
7. 상황에 따라 알맞게 말할 수 있다.		
8. 교사가 나타내는 신호나 지시에 따른다.		
9. 읽어준 글을 자기 생각대로 이해하여 순서대로 말한다.		
10. 글자에 관심을 보인다.		
11. 글자에 기초가 되는 모양을 그린다.		
12. 자기 이름과 간단한 글자를 읽는다.		
13. 어른의 도움 없이 혼자 책을 읽는다.		
14. 책 읽기를 좋아한다.		
15. 새로 내놓은 책에 관심을 가진다.		
16. 자기 이름과 간단한 글자를 쓴다.		
17. 어른의 도움없이 혼자 글자를 쓴다.		
18. 연필을 바로 쥔다.		
19. 바르게 앉아서 쓴다.		
20. 창의적으로 이야기를 꾸며 말할 수 있다.		

출처: 강선화(2001). 포트폴리오 평가를 통한 유아의 총체적 언어교육에 관한 연구. 경기대학교 교육대학원 석사학위논문.

(3) 평정척도법

평정척도법(rating scale method)은 관찰자가 관찰 대상의 언어적 행동에 대한 질적 정보를 얻기 위해 작성한 수량적 지표라 할 수 있다. 평정척도법은 관찰 대상 영유아의 언어적 특성을 미리 정해진 범주에 따라 평가한다는 점에서 행동목록법과 유사하지만 언어적 행동의 출현 유무만을 밝히는 데 국한하지 않고 언어적 행동의 질적인 특성을 알 수 있다는 차이가 있다. 다시 말해 평정척도법은 행동목록법이 가지고 있는 언어적 행동의 출현 유무 파악뿐만 아니라 언어적 행동의 질적인 특성의 정도까지 파악할 수 있다. 평정척도법의 종류와 특징은 〈표 8-15〉, 평정척도법 종류에 따른 평가의 예는 〈표 8-16〉, 〈표 8-17〉, 〈표 8-18〉, 〈표 8-19〉와 같다.

표 8-15 평정척도법의 종류와 특징

구분	내용
기술평정척도	언어적 행동의 차원을 몇 개의 연속적인 범주로 나누어 기술하고 이에 따라 나타나는 언어적 행동을 선택하는 방식이다. 또한, 언어적 행동에 대한 범주는 3~5개의 기술적 범주에 따라 평정한다.
숫자평정척도	언어적 행동특성을 기술한 척도치의 정도에 따라 점수로 환산할 수 있는 숫자를 부여하여 결과의 수량화와 통계적인 분석을 가능하게 하는 방법이다. 일반적으로 숫자를 부여할 때 가장 긍정적인 척도치에 가장 높은 점수를, 가장 부정적인 척도치에 가장 낮은 점수를 주는 것을 원칙으로 한다. 이때 점수가 3점 척도인 경우는 3, 2, 1점으로, 5점 척도면 5, 4, 3, 2, 1점으로 부여하는데, 행동의 정도를 보다 세분화하여 평정하기 위해 5점 척도를 가장 많이 사용한다.
도식평정척도	관찰자의 판단을 돕기 위해 기술적인 유목에 시각적 선을 첨가시킨 형태를 말한다. 이때 선은 일반적으로 횡축을 사용하며, 선의 형태도 동간으로 나누어진 선 또는 나누어지지 않은 선 그리고 연속선 또는 점선 등으로 다양하게 사용한다. 대체로 척도치에 따라 몇 개의 동간으로 나누어진 직선을 많이 사용한다.
표준평정척도	관찰자에게 평정의 대상을 다른 일반 대상과 비교할 수 있도록 구체적인 준거를 제시하는 방법이다. 즉, 표준평정척도는 기술평정척도에서의 범주를 보다 객관적인 유목으로 기술한 형태라고 할 수 있다.

표 8-16 언어영역의 기술평정척도의 예

1. 듣기 활동에는 어느 정도 반응하고 있는가?
   ( ) 단순하고 직접적인 대화체 문장에도 전혀 반응을 하지 않는다.
   ( ) 단순하고 직접적인 대화체 문장에는 약간의 반응을 보인다.
   ( ) 단순하고 직접적인 대화체 문장에 적극 반응을 보인다.
   기타:

2. 말하기의 능력은 어느 정도 발달되어 있는가?
   ( ) 한두 단어를 사용하여 말한다.
   ( ) 두 단어 이상을 사용하여 단순한 문장을 사용한다.
   ( ) 세 단어 이상을 사용하여 문장을 만들어 사용한다.
   기타:

3. 유아는 읽기 활동에 어느 정도 관심을 보이는가?
   ( ) 이야기를 읽어줄 때 흥미와 관심이 전혀 없다.
   ( ) 짧은 이야기를 읽어주면 관심을 보인다.
   ( ) 읽어준 이야기에 대해 질문 혹은 대답을 하거나 이야기의 한 부분을 따라할 수 있다.
   기타:

4. 쓰기에 대한 관심, 흥미는 어느 정도인가?
   ( ) 글씨를 쓰는 것에 흥미를 보이지 않는다.
   ( ) 긁적거리기 등 여러 개의 선을 그어 놓고 글씨를 썼다고 한다.
   ( ) 자주 글씨를 쓰는 것에 관심, 흥미를 보인다.
   기타:

출처: 전남련 외(2011). 아동관찰 및 행동연구. 양서원.

표 8-17 기본생활습관 중 언어 관련 숫자평정척도의 예

	문항	매우 못함	못함	보통	잘함	매우 잘함
1	함께 정한 놀이를 할 때 규칙을 지킨다.	1	2	3	4	5
2	어른께 공손한 태도로 인사한다.	1	2	3	4	5
3	어른으로부터 물건을 받을 때 두 손을 사용한다.	1	2	3	4	5
4	자기가 잘못한 일을 사과할 줄 안다.	1	2	3	4	5
5	지하철, 버스, 전시장, 식당 등에서 큰 소리로 떠들지 않는다.	1	2	3	4	5
6	어른에게 경어를 바르게 쓴다.	1	2	3	4	5
7	상황에 따라 목소리를 조절하여 이야기한다.	1	2	3	4	5
8	말할 때 차례를 지킨다.	1	2	3	4	5
9	장난감을 친구와 함께 가지고 논다.	1	2	3	4	5
10	다른 친구의 놀이를 방해하지 않는다.	1	2	3	4	5

표 8-18 정서발달 중 언어 관련 도식평정척도의 예

관찰아동:	생년월일:	성 별:
관 찰 자:	관 찰 일:	연 령:

* 관찰 유아를 선정하고 각 항목에 알맞은 평점을 한다.

	척도	
1. 교사가 친구의 이름을 부르면서 사물을 갖다 주라고 하면 그 친구에게 가서 반응을 보인다.	├──┼──┼──┼──┤	1. 친구의 이름에 별 반응을 보이지 않는다.
2. 친구들의 이름을 알고 있으며, 가끔 친구에 대해 말한다.	├──┼──┼──┼──┤	2. 친구의 이름이나 친구에 대해 말하지 않는다.
3. 교사가 인사를 하면 쳐다보거나 반응을 보인다.	├──┼──┼──┼──┤	3. 교사가 인사하면 반응하지 않는다.
4. 엄마나 친숙한 성인이 오면 달려가서 안기거나 반응을 한다.	├──┼──┼──┼──┤	4. 친숙한 성인이 와도 반응하지 않는다.
5. 교사에게 놀이를 하자고 말하거나 신체적 반응을 보인다.	├──┼──┼──┼──┤	5. 교사에게 놀이를 제의하거나 신체적 반응을 보이지 않는다.
6. 옆에 있는 또래와 이야기하면서 간식을 먹는다.	├──┼──┼──┼──┤	6. 혼자서 간식을 먹는다.
7. 물건을 건네받으면 고마워라고 말을 하거나 표현한다.	├──┼──┼──┼──┤	7. 고마워라는 말을 하지 않는다.

표 8-19 누리과정목표에 대한 표준평정척도의 예

관찰아동:			생년월일:		성 별:
관 찰 자:			관 찰 일:		연 령:
지시: 다음 각 항목에 가장 적합한 곳에 평점을 부여한다					
	하위 20%에 속함	하위 40%에 속함	중간 20%에 속함	상위 40%에 속함	상위 20%에 속함
1. 신체운동 · 건강영역					
2. 의사소통영역					
3. 사회관계영역					
4. 예술경험영역					
5. 자연탐구영역					

2) 면담법

면담법은 교사와 영유아가 직접 의사소통하면서 여러 가지 자료를 수집하는 데 흔히 사용되는 방법이다. 즉, 면담법은 영유아가 자신에 대한 정보 제공자 역할을 하는 자기 보고식 관찰로서 일화기록에 추가 정보가 필요할 경우 흔히 이용되는 방법 중의 하나이다. 면담법은 관찰법과 달리 영유아와의 직접적인 상호작용을 통해 개인으로부터 필요한 정보를 얻는 데 효과적인 방법으로 알려져 있다. 면담이 진행되는 과정에 따라 주의해야 할 점은 〈표 8-20〉과 같다.

표 8-20 면담이 진행되는 과정에 따른 주의사항

구분	내용
면담계획	• 면담 일시와 장소를 정한다. • 면담주제를 선택하고 어떤 질문을 할지 목록을 작성한다. 예를 들어, 그림책을 읽고 난 후 마지막 결말을 바꾸어서 이야기하는 활동의 경우 면담을 통해 활동 이전에 이 그림책을 본 적이 있는가? 영유아가 그 이야기에 덧붙일 새로운 아이디어를 가지고 있는가? 등과 같은 내용으로 면담을 할 수 있다.
면담과정	• 면담 분위기는 편안하고 우호적이어야 한다. • 교사가 영유아의 말에 귀를 기울이고 흥미를 나타내도록 한다. • 면담 중에 나타나는 영유아의 다양한 반응에 주의를 기울인다. • 단답형과 개방형 질문을 조합해서 사용한다. • 영유아가 질문내용을 잘 이해하지 못할 경우 다시 설명한다. • 부적절한 반응도 수용적으로 이끌어 주도록 한다.
면담기록	• 빠르고 정확하고 쉽게 기록한다. • 영유아의 말을 정확하게 기록하도록 한다. • 녹음기와 필기도구를 효율적으로 사용한다.

출처: 이지현 외(2017). 영유아를 위한 언어교육. 공동체.

3) 포트폴리오 평가법

포트폴리오란 자신이 쓰거나 만든 작품을 지속적이면서도 체계적으로 모아둔 개인별 작품집 혹은 서류철을 이용한 평가방법으로 정의된다. 즉, 포트폴리오는 개인의 작품모음으로서 학습자의 성취, 진보, 노력 등을 이해하기 위해 장기간에 걸쳐 수행된 결과물들을 계획적으로 조직하는 것으로, 하루아침에 만들어지거나 이용될 수 없으며, 하나 또는 그 이상의 항목을 가지고 있다. 또한, 최근에 열린 교육의 확산과 더불어 교육적인 용어로서 더 많은 관심을 가지게 된 용어이다. 이 평가방법은 단편적인 영역에 대해 일회적으로 평가하지 않고 유아 개개인의 변화, 발달과정을 종합적으로 평가하기 위해 전체적이면서도 지속적으로 평가하는 것을 강조하는 수행평가의 대표적인 방법 중의 하나이다. 포트폴리오 평가의 효과성을 요약하면 〈표 8-21〉과 같다.

표 8-21 포트폴리오 평가의 효과성

- 교사와 영유아의 관계에 긍정적인 변화를 준다.
- 부모의 참여로 자신의 아이에 대해서 무엇을 좋아하는지 아이가 영유아교육기관에서 어떤 활동을 하는지 알게 된다.
- 영유아 스스로 자신을 긍정적으로 이해하게 된다.
- 영유아 간에는 서로를 긍정적으로 동료평가를 할 수 있게 된다.

이처럼 포트폴리오 평가는 영유아들에게는 자신이 학습에 대한 책임성을 가지게 하며, 자신이 학습한 것을 평가하기 위한 능력을 발달시키는 데 도움을 준다. 교사들에게는 영유아의 학습과정과 결과를 총체적이며 정확하게 파악함으로써 명확한 수업목표를 설정하게 하고, 수업의 참된 방향을 제공해 주며, 나아가 더욱 효과적인 목표를 설정하게 한다. 또한, 교사는 포트폴리오 평가를 통해 자신의 수업에 대한 평가와 반성을 함으로써 새로운 학습방법과 자료개발의 필요성을 인식하고 개발하는 자기 성장의 기회를 발견하게 된다.

포트폴리오 평가를 통한 유아의 총체적 언어교육을 평가하기 위한 강선화(2001)의 연구에서 유아 6명을 무작위로 선정하여 〈표 8-22〉와 같이 프로그램을 구성하여 운영한 후 포트폴리오 평가를 적용하였다. 그 결과, 첫째, 포트폴리오 평가를 활용한 유아의 언어발달 및 태도는 이야기 듣고 말하기, 바른 태도로 듣기, 바른 문장 사용하기, 묻는 말에 대답하기, 경험과 생각 말하기, 바른 태도로 말하기, 글자에 관심 가지기, 동화나 동시 즐기기 등의 문항에서 초기 단계(사전 검사)보다 후기 단계(사후 검사)가 유아의 언어발달 및 태도가 더 높게 나타났다. 둘째, 포트폴리오 평가를 활용한 유아의 자기파악 검사는 초기보다 후기에서 자신이 평가자가 되어 자연스럽게 평가에 임하는 태도를 보였고, 시간이 지남에 따라 점차 평가기준이 확장되고 간단한 문장으로 구체화되었으며, 질문에 대해 오래 생각하고 진지하게 평가하는 모습으로 변화되었다. 셋째, 포트폴리오 평가를 활용한 실험집단과 전통적인 평가를 적용한 비교집단 간의 비교에서 포트폴리오 평가를 한 유아가 전통적 평가를 한 유아보다 언어발달이 더 많이 향상된 것으로 나타나 포트폴리오 접근법이 전통적인 접근법보다 효과적임을 입증하였다.

표 8-22 언어교육 포트폴리오 프로그램

구분	제목	내용
1회기	동시 짓기	동시는 자신의 느낌이나 생각을 쓰는 것이라고 설명해 준다.
2회기	동물 그림책	자신이 좋아하는 동물을 그려 종이에 붙이고 그림에 대해 생각나는 것들을 적어서 여러 장을 묶는다.
3회기	편지 쓰기	자신이 가장 좋아하는 사람에게 편지쓰고 그 이유를 그림으로 그려본다.
4회기	여행 가기	가족이 여행을 가려면 무엇이 필요한지 나열하고 그림으로 그려본다.
5회기	그림일기	이번 주에 있었던 일 중에서 가장 기억에 남는 장면을 그림으로 그려보고 어떤 장면인지 쓴다.
6회기	얼굴 그리기	자신의 얼굴을 그려보고 어떤 때 그런 얼굴을 하는지 쓰거나 이야기해본다.
7회기	그림 감상	자신이 가장 좋아하는 그림을 그려보고 이유를 적어본다.
8회기	이야기 꾸미기	글 없는 그림을 보고 이야기를 꾸며 본다.
9회기	동화 쓰기	간단한 동화를 듣고 어떤 동화인지 생각나는 것을 쓰고 그린다.
10회기	끝말잇기	종이에 단어를 하나 주고서 할 수 있는 데까지 쓰도록 한다.
11회기	느낌 표현하기	자기가 좋아하는 과일을 그리고 그 느낌을 적어본다.
12회기	예쁜 꽃 그리기	자신이 가장 좋아하는 꽃을 그리고 동시를 적어본다.
13회기	음악 감상	음악을 듣고 어떤 기분인지를 그리고 적어본다.
14회기	희망사항	앞으로 희망사항을 그려보고 왜 그런지 쓰고 이야기한다.
15회기	놀이동산	놀이동산에서 신나게 놀았던 것들을 그려보고 어떤 놀이기구가 제일 재미있었는지 이야기해본다.
16회기	우리집	우리집에는 무엇이 있는지, 무엇이 제일 소중한지 그려보고 왜 그런지 적어본다.

출처: 강선화(2001). 포트폴리오 평가를 통한 유아의 총체적 언어교육에 관한 연구. 경기대학교 교육대학원 석사학위논문.

4) 표준화된 검사법

검사법(test method)은 인간의 능력, 기술, 태도, 지식 등을 측정하여 자료를 수집하는 방법이다. 특히, 표준화된 검사 도구를 활용할 경우 동일 연령의 아동과 비교가 가능하기 때문에 개인의 상대적인 수준을 평가할 수 있도록 해준다. 표준화된 검사(standardized test)는 검사조건이 모든 피험자들에게 동일해야 하고 정해진 절차에 따라 전국 규모의 많은 피검사들에게 실시되고 이를 동일한 절차 및 준거에 따라 객관적으로 채점되는 검사이다. 표준화(standardization)란 검사의 실시와 채점, 해석의 방법이 일정하게 정해져 있어 누가 검사를 사용하더라도 동일한 절차에 따라 진행하도록 하는 것이다. 이렇게 표준화된 절차에 따라 검사가 진행될 때, 그 검사의 신뢰성이 높아지게 된다. 영유아의 인지능력을 측정하기 위한 표준화된 검사 도구들에서 언어능력 측정에 해당되는 표준화된 검사를 살펴보면 〈표 8-23〉과 같다.

표 8-23 표준화된 언어능력 측정 심리검사

구분	내용
한국 베일리 영아발달검사 (K-BSID II)	BSID(Bayley Scale of Infant Development) 검사는 2~30개월 영아들의 발달 정도를 평가하고 정상발달에서의 이탈 여부 및 이탈 정도를 파악하기 위하여 베일리(N. Bayley)와 동료들에 의해 개발되었다. 1993년에 BSID의 연령범위와 내용범위가 확장된 BSID 2판이 제작되었고, 2006년에는 검사의 질과 유용성을 향상시킨 BSID 3판이 제작되었으며, 우리나라에서도 이에 대한 표준화가 이루어져 사용되고 있다(박주영, 2010). K-BSID-III는 생후 16일에서 42개월 된 영유아의 발달적 기능을 평가하는 도구로 인지척도(cognitive scale), 언어척도(language scale), 운동척도(motor scale), 사회-정서척도(social-emotional scale), 적응행동척도(adaptive behavior scale)의 5개 척도로 세분화하여 아동의 주요 발달 정도를 평가하도록 구성되어 있다.
한국형 덴버 발달검사 II (K-DDST-II)	DDST(Denver Development Screening Test)는 생후 2주부터 6세 영유아를 대상으로 발달 지체 혹은 장애의 조기 발견을 목적으로 개발된 검사이다. 우리나라에서는 신희선 등(2002)이 한국형 덴버-II를 표준화하였다. 이 검사는 개인-사회발달영역 22문항, 미세운동-적응발달영역 27문항, 언어발달영역 34문항, 운동발달영역 27문항 등의 4영역에 110개 항목으로 구성되어 있다.

구분	내용
한국 웩슬러 아동지능검사 (K-WISC-III)	K-WISC-III(Korean Wechsler Intelligence Scale for Children-Third Edition)는 미국의 웩슬러(Wechsler)에 의해 개발된 WISC의 세 번째 개정판을 곽금주 등(2001)이 한국에서 표준화한 검사이다. K-WISC-III는 13개의 소검사로 구성되며, 이 중 6개 항목은 언어적 능력을 측정하는 언어성검사이며 7개 항목은 시간·공간능력을 측정하는 동작성검사로 나누어진다.
한국 유아용 웩슬러 지능검사 (K-WPPSI)	K-WPPSI(Korean-Wechsler Preschool and Primary Scale of Intelligence)는 웩슬러 지능검사로 측정하기 어려운 3~7세 유아의 지능을 측정하기 위해 개발된 검사이다. K-WPPSI는 WISC와 마찬가지로 언어성검사와 동작성검사로 구성되며, 12개의 하위검사로 이루어진다.
카우프만 아동용 지능검사 (K-ABC)	K-ABC(Korean Version of the Kaufman Assessment Battery for Children)는 미국의 카우프만(Kaufman) 부부에 의해 개발된 지능검사를 문수백, 변창진(1997)이 한국의 정상 및 특수 아동을 대상으로 표준화한 검사이다. 전통적인 지능검사에서 문제점으로 지적된 부분을 보완하여 지능과 습득도를 함께 측정할 수 있는 도구로 개발되었으며, 비언어적 과제의 비중을 높게 두어 의사소통에 문제가 있거나 문화권이 다른 아동에게도 실시할 수 있도록 제작되었다.
한국판 종합학습능력 진단검사	유아부터 초등학교 고학년까지 아동의 학습과 관련된 기본 능력과 성취된 학습결과를 측정하기 위해 1995년 제작된 검사이다(문용린, 1995). 10개의 검사문항으로 구성되어 있으며, 6개는 지적 능력(지각능력, 주의집중능력, 기억능력, 언어능력, 수리능력, 추리능력)을 측정하고, 나머지 4개는 정의적 특성과 사회성발달의 특징 및 수준(사회 성숙도, 정서성-정서안정성, 학습 긴장도, 자각된 양육태도)을 측정한다.
한국판 기초학습능력검사	유아부터 초등학교 6학년까지 아동을 대상으로 기초학습능력을 측정하기 위해 1989년에 개발된 검사이다(박경숙 외, 1989). 아동의 학습수준이 학년기준, 연령기준에 비추어 정상과 떨어져 있는 정도를 확인하여 향후 개인별 교육계획을 수립하기 위한 목적으로 개발되었다. 정보처리기능, 언어기능, 수기능을 측정하고, 이들 기능을 5개의 하위검사로 측정하도록 구성되어 있다.
유아용 종합 창의성검사 (K-CCTYC)	K-CCTYC(Korean Comprehensive Creativity Test for Young Children)는 창의성의 주요 요소인 유창성, 융통성, 독창성, 상상력을 측정하는 도구(전경원, 2000)로 언어, 도형, 신체 영역에서의 창의성을 측정하기 위한 4개의 소검사로 구성되어 있다.
한국판 사회성숙도검사	바인랜드 사회성숙척도(Vineland Social Maturity Scale)를 1985년에 한국에서 표준화하였고(김승국, 김옥기, 1985), 1995년에 개정되었다. 0~30세까지의 사회적 능력을 평가하기 위해 6개의 하위검사(자조, 이동, 작업, 의사소통, 자기관리, 사회화)에 117개 문항으로 구성되어 있으며, 연령에 따라 적용되는 문항이 달라진다.

〈표 8-23〉에 제시된 표준화된 검사도구는 모두 검사절차와 방법이 고정되어 있고, 검사요강에 실시조건과 채점방법이 규정되어 있으며, 규준이 제시되어 있어 유아의 상대적 위치를 파악하여 객관적인 검증이 가능하도록 되어 있다. 표준화 검사의 결과가 개인의 능력이나 특성을 모두 대변해주는 것은 아니므로 사용과 해석에 있어 신중을 기해야 한다. 표준화 검사의 결과는 해당 개인을 이해하려는 하나의 참고자료임을 명심해야 하고, 한 가지 검사만으로 의사결정을 하기보다는 다양한 측정도구를 함께 사용하는 것이 바람직하다(신명희 외, 2016).

3. 언어발달 인적 지원 환경평가

영유아의 언어발달에 지식이 풍부한 대상과의 사회적 상호작용의 중요성, 즉 영유아와 부모와의 상호작용과 영유아와 교사와의 상호작용이 영유아의 언어발달에 반드시 필요한 요인 중의 하나이다. 더불어 최근에는 또래와의 상호작용이 영유아의 언어발달에 긍정적인 영향을 미친다는 연구들이 보고되고 있다. 영유아의 언어발달에 영향을 미치는 부모, 교사 및 또래관계에 대한 평가를 구체적으로 살펴보면 다음과 같다.

1) 어머니의 언어 지원 환경평가

가족 중에서도 어머니는 영유아의 사회·정서적 발달과 더불어 언어발달에도 가장 많은 영향을 미치는 요인으로 알려져 왔다. 왜냐하면 영유아는 어머니와 보내는 시간이 가장 많기 때문에 대화의 양이나 질에 있어서 어머니의 영향이 매우 크기 때문이다.

따라서 영유아의 언어습득은 영유아가 어머니와 얼마나 많은 대화를 하느냐에 따라 언어의 습득시기와 습득량이 결정된다(전은애, 2008). 이런 이유로 영유아의 언어발달에 영향을 미치는 언어환경을 평가하기 위한 도구들이 개발되어 사용되고 있다. 영유아의 언어발달에 영향을 미치는 어머니의 언어 지원환경을 평가하기 위한 평가준거는 〈표 8-24〉, 어머니의 영유아 언어발달 인적 지원 환경평가척도는 〈표 8-25〉와 같다.

표 8-24 어머니의 언어 지원 환경평가준거

하위요인		준거
직접 지원	대화하기	다양하고 풍부하며 질적으로 우수한 어휘의 사용, 긍정적인 피드백의 제공, 유아가 잘못된 어휘를 사용할 경우에도 꾸짖기보다는 논리적으로 설명하는 등의 지원
	읽어주기	책을 읽어주는 활동에서 의미를 파악하기, 읽기에 대한 피드백 제공하기, 적절한 수준의 이해와 풍부한 어휘의 활용 그리고 자녀와 함께 읽기 등의 지원
간접 지원	언어에 대한 태도	자녀와 함께 도서관이나 서점을 방문하는 등의 교육적인 참여, 일상생활 속에서 지속적으로 책을 읽거나 부모들 간의 대화하는 방법이나 사물에 대하여 이야기하는 모습을 보여 주는 등의 지원

표 8-25 유아 언어발달 인적 지원 환경평가(부모용)

다음 문항을 읽고 어머니가 평소에 자녀와 함께 하는 행동들과 얼마나 비슷한가에 따라 해당되는 곳에 표시를 해 주시기 바랍니다.

내용	1	2	3	4	5
	매우 그렇다	그렇다	보통이다	아니다	매우 아니다
1. 나는 아이가 말을 할 수 있도록 충분한 기회를 준다.	①	②	③	④	⑤
2. 나는 상황에 적절한 단어를 사용한다.	①	②	③	④	⑤
3. 나는 아이가 이해할 수 있는 단어를 사용한다.	①	②	③	④	⑤
4. 나는 아이를 야단치기보다는 상황을 설명하려고 한다.	①	②	③	④	⑤
5. 나는 아이가 잘못 말한 단어에 대하여 긍정적인 피드백을 사용한다.	①	②	③	④	⑤
6. 나는 생활과 관련이 있는 단어를 사용한다.	①	②	③	④	⑤
7. 나는 구조적으로 적합한 문장을 사용한다.	①	②	③	④	⑤
8. 나는 각종 게시물의 글자를 아이에게 읽을 수 있도록 한다.	①	②	③	④	⑤
9. 나는 책을 읽어줄 때 감정적으로 풍부하게 표현한다.	①	②	③	④	⑤
10. 나는 다양한 내용의 동화책을 읽어준다.	①	②	③	④	⑤
11. 나는 아이에게 책 읽기(동화 등)를 해준다.	①	②	③	④	⑤
12. 우리 가족은 아이와 함께 신문이나 책을 자주 읽는다.	①	②	③	④	⑤
13. 나는 아이에게 지속적으로 책을 읽어준다.	①	②	③	④	⑤
14. 나는 아이에게 처음 보는 단어를 읽을 기회를 준다.	①	②	③	④	⑤
15. 나는 서점에서 책을 구할 때 아이를 자주 데리고 간다.	①	②	③	④	⑤
16. 나는 아이의 언어발달을 위하여 환경을 준비한다.	①	②	③	④	⑤
17. 나는 아이에게 자주 책 읽는 모습을 보여 준다.	①	②	③	④	⑤
18. 나는 아이가 보는 앞에서 아버지와 대화하는 모습을 보여준다.	①	②	③	④	⑤
19. 나는 새로운 단어가 나오면 일정하게 반복해서 사용한다.	①	②	③	④	⑤
20. 나는 많은 독서를 한다.	①	②	③	④	⑤

출처: 신은희(2009). 유아 언어발달 인적 지원 환경평가 도구 개발. 숙명여자대학교 대학원 박사학위논문.

2) 교사의 언어 지원 환경평가

영유아의 언어발달과 관련하여 영유아에게 있어 가정 바깥에서 이루어지는 사회적 상호작용의 가장 중요한 상대는 교사라고 할 수 있다. 교사가 사용하는 언어는 어머니가 사용하는 언어와는 다른 형태로 영유아의 언어발달에 영향을 미친다. 특히, 영유아들은 발달적 특성상 교사들의 지시나 지도를 긍정적으로 받아들이기 때문에 교사에 의한 언어 지원환경은 영유아의 언어획득에 긍정적인 영향을 미치는 주요한 변인이라고 할 수 있다. 영유아의 언어발달에 영향을 미치는 교사의 언어 지원환경을 평가하기 위한 평가준거는 〈표 8-26〉, 교사의 영유아 언어발달 인적 지원 환경평가척도는 〈표 8-27〉과 같다.

표 8-26 교사의 언어 지원 환경평가준거

하위요인		준거
직접 지원	대화하기	다양한 언어적 상황의 제공, 어휘에 대해 적절한 설명과 예시의 제공, 긍정적이고 적절한 피드백의 제공과 충분한 보상
	읽어주기	영유아의 관심 어휘와 문장에 대해 다양한 방법으로 표현할 수 있는 기회의 제공, 이야기를 진행하는 동안 다양하고 정확하게 표현, 지속적으로 수정을 위한 피드백 제공
간접 지원	언어에 대한 태도	교사가 새로운 교수방법에 관심이 많고 다양한 학습자료를 수업에 활용, 아이들의 언어적 활동에 적극적으로 개입하려는 태도

표 8-27 영유아 언어발달 인적 지원 환경평가(교사용)

다음 문항을 읽고 선생님이 평소에 영유아와 함께 하는 행동들과 얼마나 비슷한가에 따라 해당되는 곳에 표시를 해 주시기 바랍니다.

내용	1	2	3	4	5
	매우 그렇다	그렇다	보통이다	아니다	매우 아니다
1. 나는 아이들에게 스스로 말하는 기회를 제공한다.	①	②	③	④	⑤
2. 나는 아이들과 대화를 자주한다.	①	②	③	④	⑤
3. 나는 아이가 자신의 의사를 표현할 때까지 기다린다.	①	②	③	④	⑤
4. 나는 아이를 야단치기보다는 잘못을 논리적으로 이해시킨다.	①	②	③	④	⑤
5. 나는 적절한 방법으로 피드백을 제공한다.	①	②	③	④	⑤
6. 나는 아이들이 읽고 싶을 때 읽을 수 있게 해준다.	①	②	③	④	⑤
7. 나는 아이들이 서로 책 읽어 주는 것을 조장한다.	①	②	③	④	⑤
8. 나는 아이들에게 책을 읽고 감상을 이야기하게 한다.	①	②	③	④	⑤
9. 나는 읽기에 대하여 적절한 방법으로 아이들에게 피드백을 한다.	①	②	③	④	⑤
10. 나는 아이들에게 다양한 읽기 경험을 제공한다.	①	②	③	④	⑤
11. 나는 아이들이 관심을 가지는 단어에 대하여 늘 관심이 많다.	①	②	③	④	⑤
12. 나는 새로운 학습방법에 대하여 관심이 많다.	①	②	③	④	⑤
13. 나는 아이들 간의 언어적 상호작용을 지원한다.	①	②	③	④	⑤
14. 나는 아이들이 책을 집으로 가지고 가고 싶으면 빌려준다.	①	②	③	④	⑤
15. 나는 항상 정확한 어휘를 사용하려고 한다.	①	②	③	④	⑤
16. 나는 아이의 언어적 자극을 위한 놀잇감에 관심이 많다.	①	②	③	④	⑤

출처: 신은희(2009). 유아 언어발달 인적 지원 환경평가 도구 개발. 숙명여자대학교 대학원 박사학위논문.

3) 또래의 언어 지원 환경평가

또래의 중요성은 근접발달영역의 개념에 있어서도 강조되고 있다. 비고츠키(Vygotsky)는 성인들뿐만 아니라 유능한 또래가 영유아의 발달을 도울 수 있다고 주장하였는데, 영유아의 근접발달영역에서 학습을 격려하는 사람이 반드시 성인일 필요는 없다고 주장한다(Vygotsky, 1978). 즉, 또래들 간의 인지적 갈등을 통해 공동활동에 참여하는 영유아들이 서로 그 과제 상황에 대한 공동의 의견을 모으고 상호 주관성에 도달할 수 있다면, 영유아간에 이루어지는 상호작용으로도 충분히 학습이 가능하다는 것이다. 따라서 영유아의 학습에 있어서 성인과 더불어 또래의 역할이 중요하며, 또래와의 관계는 영유아의 언어발달에도 많은 영향을 미치게 된다. 영유아의 언어발달에 영향을 미치는 또래의 언어 지원 환경을 평가하기 위한 평가준거는 〈표 8-28〉, 또래의 영유아 언어발달 인적 지원 환경평가척도는 〈표 8-29〉와 같다.

표 8-28 또래의 언어 지원 환경평가준거

하위요인		준거
직접 지원	대화하기	또래와의 관계가 원만함, 또래들과 대화를 통해 문제를 해결, 다른 유아의 이야기를 잘 들어주고 간접적인 요구전략을 사용함
간접 지원	언어에 대한 태도	친구가 잘못된 어휘를 사용할 때 고쳐주거나 친구들과 새로운 단어를 사용하는 등의 상대의 필요나 수준에 맞게 조절함

표 8-29 유아 언어발달 인적 지원 환경평가(또래용)

다음 문항을 읽고 아이가 또래들과 함께 하는 행동들과 얼마나 비슷한가에 따라 해당되는 곳에 표시를 해 주시기 바랍니다.

내용	1 매우 그렇다	2 그렇다	3 보통이다	4 아니다	5 매우 아니다
1. 이 아이는 친구들과 대화를 잘 하는 편이다.	①	②	③	④	⑤
2. 이 아이는 친구들 앞에서 이야기를 잘한다.	①	②	③	④	⑤
3. 이 아이는 친구들에게 자신의 의견을 잘 설명한다.	①	②	③	④	⑤
4. 이 아이는 또래 간의 다툼을 대화로 풀려고 한다.	①	②	③	④	⑤
5. 이 아이는 다른 아이의 이야기를 끝까지 듣고 난 다음에 자신의 이야기를 한다.	①	②	③	④	⑤
6. 이 아이는 친구들과 많은 이야기를 한다.	①	②	③	④	⑤
7. 이 아이는 친구가 잘못된 어휘를 사용하면 고치려고 한다.	①	②	③	④	⑤
8. 이 아이와 친구들은 책 읽는 것을 좋아한다.	①	②	③	④	⑤
9. 이 아이와 친구들은 새로운 단어를 잘 사용한다.	①	②	③	④	⑤
10. 이 아이와 친구들은 욕을 하지 않는다.	①	②	③	④	⑤
11. 이 아이와 친구들은 대화에서 친근한 언어를 사용한다.	①	②	③	④	⑤

출처: 신은희(2009). 유아 언어발달 인적 지원 환경평가 도구 개발. 숙명여자대학교 대학원 박사학위논문.

Chapter 09

언어발달을 위한 가정연계

배울내용

1. 영유아의 언어발달에 영향을 미치는 요인
2. 가정과의 연계를 통한 언어지도

학습목표

1. 영유아의 언어발달에 영향을 미치는 요인을 이해한다.
2. 가정과의 연계를 통한 언어지도의 방법을 알고 숙지한다.

1. 영유아의 언어발달에 영향을 미치는 요인

영유아의 언어발달은 다양한 요인들에 의해 영향을 받는다. 태어나면서부터 울음 외에는 온전히 자신의 힘으로 할 수 있는 것이 없다. 이 울음은 언어발달의 가장 기초가 되는 것이다. 점차 영아들은 가정 안에서 성인의 도움으로 신체, 언어, 인지, 정서 및 사회성발달 등이 이루어진다. 특히, 가정에서 부모와 형제자매들 간에 이루어지는 모든 상호작용들이 영유아의 언어발달에 중요한 영향을 미치게 된다. 영유아들에게 개인 또는 부모의 성장환경요인이 언어의 발달단계와 시기를 결정하게 된다.

피아제(Piaget)는 언어발달을 인지발달의 의존적인 결과로 본 반면, 비고츠키(Vygotsky)는 언어발달은 인지발달에 중대한 역할을 하며 언어의 도움 없이 사고형성이 불가능하다고 하였으며, 또래나 교사와 주고받는 좀 더 높은 수준의 언어적 상호작용이 인지발달을 견인한다고 보았다(최명희, 2016). 즉, 영유아의 언어발달은 주변의 영향을 받으면서 발달함을 알 수 있다. 가정에서 부모가 자녀의 언어와 사고의 발달을 위해서는 영유아기에 부모와의 상호작용이 가장 활발하게 일어나야 한다.

영아기 언어발달의 순서는 보편적으로 나타나지만, 발달의 속도나 정도에 차이가 개개인마다 있으며, 이러한 차이는 어머니가 제공하는 양육행동의 차이(McCarthy, 1952), 기질적인 차이, 언어양식(김영선, 1999)의 차이 등 여러 가지 원인에 기인한다고 볼 수 있다(김현, 2008). 이러한 영아기 언어발달의 수준 차이를 가져오는 다양한 원인 중에서도 최근에는 여러 연구에서 어머니의 역할에 대한 관심이 두드러지게 나타나고 있다(Akhtar & Tomasello, 2000; Bloom, 1998; Hart & risely,1995; Hoff & Naigels, 2002; Tomasello, 1992).

유아의 언어발달을 자극하는 가정환경, 어머니의 자녀양육행동이 유아의 어휘 수와 문장의 길이, 어머니가 사용하는 언어의 질적 수준과 높은 상관을 보였다(이지영, 1974). 그리고 언어 표현력과 조직력이 늦게 발달하는 유아의 어머니는 가정에서 제한된 어휘를 사용하였고 추상적인 언어를 사용하여 언어로 표현하는 상황을 추상화, 일반화시키며 긴 문장으로 상세히 설명을 하는 경우 유아의 언어발달이 촉진된다는 연구도 있다

(김영선, 1999). 이는 환경적인 요인이 다르기 때문에 생긴다고 볼 수 있다. 언어발달에 영향을 미치는 요인을 구체적으로 살펴보면 다음과 같다.

1) 언어발달에 영향을 미치는 요인

(1) 성별

일반적으로 여아가 남아보다 말을 빨리 배우고 더 잘 하는 것으로 알려져 있다. 많은 연구에 의하면, 여아들의 언어발달이 남아보다 빠른 것으로 나타나고 있다. 이는 여아가 남아보다 말하는 시기가 빠르며, 여아가 남아보다 말을 많이 하기 때문이라는 연구와 관련된다(Maccoby & Jackin, 1974). 즉, 여아는 말하는 시기가 빠를 뿐만 아니라 조음과 언어의 유창성에서도 더 우수하다는 결과가 나타난 것과 언어장애의 발생률에서도 남아보다 여아가 그 비율이 더 낮다는 것이다. 그리고 영유아기부터 사춘기에 이르기까지 어휘, 발음, 철자법, 문장 구성력, 문장 이해력, 언어적 추리력에서 여아가 남아보다 우수한 경향을 보인다는 결과가 나타났다(이숙재, 박인숙, 1992). 그러나 데일(Dale, 1972)의 보고에 의하면, 2.6세에서 청소년 초기 사이의 남녀 어린이의 어휘력, 문장 이해력 및 언어적 표현력을 검사·비교해 본 결과 성차가 없었음이 밝혀졌다. 성이 언어발달에 어떠한 영향을 미치는지에 대한 일치된 견해는 없으나 남아와 여아가 언어발달에서 보이는 차이는 성에 따른 차이보다는 언어발달에 미치는 사회 문화적 요인으로 설명한다. 즉, 일상생활에서 부모-자녀 간의 언어적 상호작용이 일반적으로 남아보다 여아에게 더 많으며, 여아의 언어 표현을 부모가 더 격려해 주는 태도, 이것이 언어발달에 영향을 미치는 것으로 볼 수 있다.

(2) 형제자매 관계

영유아의 형제 수, 형제 순위, 형제 간의 연령차가 영유아의 언어발달과 관계가 있는지에 관해서는 서로 다른 연구결과들이 있다. 형제가 있는 어린이보다 형제가 없는

딸이나 아들의 언어발달이 빠르다고 보는 경향이 있다. 그 이유는 형제 수가 적은 경우는 성인과 언어적 상호작용을 많이 하므로 언어발달이 빠르며, 형제 수가 많은 경우는 언어발달 면에서 미숙한 형제와 언어적 상호작용을 많이 하므로 언어발달이 느리다고 한다.

출생 순서에서 먼저 출생한 유아가 나중 아이보다 더 우수한 언어능력을 보인다는 연구결과와 첫째 아이의 언어능력이 더 뛰어나다는 연구결과도 있다(주영희, 1984). 그러나 형제 유무에 따른 언어발달의 차이는 없다고 주장하는 연구도 있다.

영유아의 언어발달에 미치는 형제와 관련된 다양한 변인들의 영향력은 영유아가 언어적 상호작용을 할 기회를 많이 가질수록 언어능력의 발달이 촉진되고, 언어능력이 미숙한 연령차가 거의 없는 형제자매들과 주로 상호작용하거나 쌍생아 형제들과 상호작용하는 기회가 많을수록 언어능력발달이 지체된다는 것이다.

(3) 신체조건

영유아의 신체조건 중, 청각기관의 발달과 발음기관의 발달 그리고 눈과 손의 협응력의 발달은 영유아의 언어발달에 가장 직접적인 영향을 미친다. 영아기 때부터 주위로부터 듣고 그것을 따라 말하면서 음성언어가 발달하고, 이러한 음성언어를 문자언어로 표현함으로써 언어를 의사소통의 도구로 사용하게 된다. 그러나 소리가 들리지 않을 경우, 이러한 자극이 이루어질 수 없기 때문에 언어발달에 저해가 된다. 실제로 스노우(Snow, 1998)의 연구에 의하면, 영아기에 언어지체를 가져오는 가장 큰 원인을 청력손상이라고 하였다.

발음기관의 이상 또한 언어발달에 부정적인 영향을 미친다. 음성언어로 자신의 의사를 충분히 표현할 수 있는 시기가 되면 사용하는 언어도 그만큼 다양해지고 표현하는 기회도 늘어난다. 그러나 상호작용이 어려울 만큼 발음기관에 이상이 있을 경우, 의사소통 자체가 어렵기 때문에 말하는 영유아나 듣는 영유아 모두에게 부정적인 영향을 미친다.

그중 하나가 조음이다. 5세 이전의 영유아들은 정확하게 발음하기 어려워 전반적인 발음이나 또는 특정 발음을 알아차리기 어려울 때가 있다. 그러나 연령이 증가함에 따라 영유아의 발음도 정확해지고 뚜렷해진다. 만약 5세 이후 연령이 증가하면서도 발음이 잘 되지 않는 경우가 있으면 진단을 받아 보아야 한다.

조음장애 증상으로는 '생략', '대치', '첨가', '왜곡' 현상이 있다. '생략'의 경우 '형님'을 '형임'으로 말하거나 '아가씨'를 '아씨'로 말하는 것을 말하고, '대치'는 '개나리'를 '개다리'로 말하고, '첨가'는 '학교'를 '핵꾜'로 말하는 현상이다. '왜곡'은 '아버지'를 '아봐지'라고 발음하여 우리말이 아닌 것처럼 사용되는 경우이다. 조음장애는 학령기 아동의 2~3% 정도에서 출현하며, 아동기 전체 언어장애의 3/4 정도를 차지하고 있다(이경화, 2003).

정확한 조음을 위해서는 정확하게 듣는 것이 중요한데, 대개 일상생활에서 대화의 내용에만 신경을 쓰기 때문에 조음법을 의식하지 않는 경우가 많다. 그러나 잘못된 조음법이 신경계통에 고착되면 쉽게 바뀌지 않기 때문에 가능하면 발견하는 즉시 진단을 받고 치료를 받아야 한다.

(4) 부모와의 언어적 상호작용

부모는 영유아의 언어발달에 가장 직접적인 영향을 미친다. 유아는 가정에서 부모와 상호작용을 하면서 언어를 습득하고 계속 발전시켜 나간다. 그러므로 부모들이 영유아와 어떤 언어적 상호작용을 맺으며 어떤 언어 모델을 제공하고 얼마나 언어발달을 자극하느냐가 대단히 중요하다. 즉, 어머니가 자녀에게 질문을 많이 하고 응답에 대한 피드백과 자녀의 질문에 대답을 많이 해줄수록 어린이의 언어능력이 더욱 발달한다(이경렬, 2005). 또한 어머니가 말을 많이 하고 다양한 단어와 문법적 형태소를 사용할수록 아이의 단어발달이 촉진되는 것으로 밝혀졌다(전효정 외, 2004).

부모는 자녀의 연령에 따라 또는 각각의 개인별 수준에 맞추어 문장의 길이를 조절하고, 억양을 달리하며, 반복적인 표현을 많이 하고, 영유아의 대화에 피드백을 많이 해 줄 수 있도록 하며, 자녀의 언어발달을 자극해 주어야 한다. 이때 부모는 자녀에게 정확하고 적절한 언어를 사용함으로써, 자녀의 부정확하거나 부적절한 언어를 교정해 준다(이대균 외, 2009).

(5) 사회 경제적 · 물리적 환경

가정의 사회 경제적인 수준은 영유아의 언어발달에 영향을 준다. 즉, 저소득층 가정의 영유아보다 중류층 가정의 영유아가 언어능력이 더 발달한다는 것이다. 주영희(1982)는 우리나라 4~6세의 유아를 대상으로 연구한 결과, 사회 경제적 수준이 높은 가정의 유아가 낮은 가정의 유아보다 언어능력이 더 높았다. 신유정(2004)은 문자언어에서도 마찬가지로 경제적 수준에 따라 차이를 보여 저소득층 유아의 인쇄물 개념 점수가 중류층 유아보다 낮았다는 결과를 보였다. 그 이유는 저소득층 유아의 경우 언어발달의 자극이 될 수 있는 다양한 환경이 제공되기 어렵기 때문이다. 또한 가정에 유아용 도서들이 많으면 유아의 읽기 능력이 발달하지만 저소득층 가정의 경우에 읽을거리와 쓰기 자료들을 다양하게 구비하기 어렵기 때문이다.

저소득층의 가정에서는 부모가 함께 있는 시간을 충분히 가질 수 없다. 이는 언어발달을 좌우하는 환경이 물리적 환경뿐 아니라 인적 환경도 해당됨을 알 수 있다.

(6) 사회적 · 정서적 환경

영유아의 사회적 · 정서적 환경은 영유아의 언어발달에 많은 영향을 미친다. 안정된 정서와 사회성이 발달한 영유아는 그렇지 못한 영유아에 비해 언어발달을 더 촉진시킬 수 있다. 사회성이 발달한 영유아의 경우, 가정에서나 기관에서 적극적으로 활동에 참여하며, 주위의 부모나 형제 그리고 교사, 또래들과 상호작용을 경험할 기회를 많이 갖기 때문에 이러한 영유아의 경우 언어발달이 더 잘 이루어진다.

정서적으로 안정되고 사회성이 좋은 영유아들은 다른 사람들의 말을 듣고 이해하며, 상황에 맞게 언어로 반응을 하기도 하며, 편지 등으로 쓰기 활동 놀이를 통해 마음을 전하기도 한다.

2) 가정에서의 언어지도를 위한 역할

가정에서 영유아의 언어발달을 촉진하는 부모의 역할을 살펴보면 다음과 같다(이경화 외, 2003).

(1) 관찰자로서의 역할

부모와 가족은 영유아의 언어발달을 점검하고, 자녀의 언어적 능력에 근거하여 학습을 계획하며, 언어발달을 위한 새로운 도전을 할 수 있도록 영유아를 격려하는 과정에서 객관적이고 통찰력 있는 역할을 수행하기 위하여 민감한 관찰자가 되어야 한다. 가정에서 가족들과 대화를 할 때도 놀이터에 나가 또래들과의 놀이활동을 바라보면서 사용하는 언어들을 잘 살펴보는 것이 중요하다. 세심한 관심 속에 이루어지는 관찰을 통하여 부모와 가족들은 영유아의 언어적 능력에 관한 지식을 얻게 되고 언어학습자로서의 자신감과 기술을 향상시키기 위하여 필요한 지원을 제공해 줄 수 있게 된다.

(2) 환경조성자로서의 역할

부모는 다양한 문해자료가 풍부한 가정환경을 조성해 줌으로써 영유아 언어발달을 촉진시키는 역할을 수행할 수 있다(Morrow, 1995; Neuman & Roskos, 1998). 영유아의 언어발달을 촉진시킬 수 있는 문해자료들은 여러 가지 종류의 영유아용 도서들, 잡지나 이면지 등 여러 종류의 종이류, 연필, 사인펜, 크레파스 등의 굵기와 색이 다양한 여러 가지 쓰기 도구 등을 들 수 있다. 경제적으로 부담이 되지 않고 쉽게 구할 수 있는 자료들은 영유아의 읽기와 쓰기 등의 문해능력을 향상시킬 수 있는 질 높은 자료가 될 수 있다. 부모와 가족들은 일상생활에서의 다양한 활동을 수행하는 과정에서 이러한 자료를 활용하여 영유아의 언어발달을 촉진할 수 있게 된다.

(3) 촉진자로서의 역할

영유아의 언어발달에 도움이 되는 부모나 형제들의 노력은 결국 가족 간에 서로 존중하고 배려하며 화목할 수 있는 방법이 될 수 있다. 가족환경 내에서 언어발달이 촉진될 수 있는 조건들은 〈표 9-1〉과 같다(장희정, 2017).

표 9-1 언어발달의 촉진조건

- 영유아와 눈을 마주치며 영유아를 바라본다.
- 엄마는 수다스러운 친구가 되어야 한다.
- 영유아의 기분상태와 건강상태, 생활의 리듬을 잘 파악하고 적절한 언어로 자극하여야 한다.
- 영유아의 반응에 칭찬과 격려를 통해 언어활동의 즐거움을 느끼게 한다.
- 온 가족이 모두 인내심을 갖고 기다리며 영유아의 발달을 돕는 것이 중요하다.
- 발달이 늦어지거나 어려운 경우 반드시 전문가의 도움을 받는다.

(4) 지원자로서의 역할

가족은 영유아가 말하고 싶어 할 때 들어주고 듣는 것뿐 아니라 반응을 해 주며, 영유아가 책을 보거나 글자를 써보려고 할 때 도움을 청하면 지원자의 역할을 해 주는 것이 필요하다. 이때 가족들은 가르치려고 하는 것이 아니라 즐길 수 있도록 하는 놀이의 지원자가 되어야 한다. 책이 놀잇감이 될 수 있다는 것을 알고 도와주는 것이 중요하다.

영아기에는 책을 늘여 놓고 그 위를 걷는다거나 작은 책을 한 손으로 들고 이리저리 다닌다거나, 병풍처럼 펼쳐 놓거나 탑처럼 쌓아 보는 등 놀잇감처럼 사용하기도 한다. 유아기에는 앉아서 책을 읽는 모습을 보이기도 하고 다른 책들의 이야기를 엮어가며 새로운 이야기를 만들어 내는 놀이를 하기도 한다. 이처럼 책이 학습의 도구가 아닌 놀잇감처럼 책을 가지고 즐거움을 느끼다 보면 자연스럽게 말하고, 듣고, 읽고, 쓰는 언어발달이 이루어지게 된다.

2. 가정과의 연계를 통한 언어지도

1) 영유아의 언어발달을 돕는 가정환경

언어발달에 있어서 가정환경은 물리적 환경뿐 아니라 부모의 태도와 같은 부모요인도 포함된다. 영유아의 언어발달을 돕는 가정환경을 살펴보면 〈표 9-2〉와 같다(서소정 외, 2017).

표 9-2 언어발달을 돕는 가정환경

- 영유아와 자주 이야기를 나누어야 한다.
- 영유아의 행동과 부모의 행동을 말로 해준다(예: "화장실 가고 싶었어? 엄마가 OO를 데리고 화장실 가 줄게").
- 영유아의 의견을 존중하고, 영유아가 하는 말에 주의를 기울여 들어주도록 한다(미소를 지으며 바라봐 주고 고개를 끄덕여 준다).
- 영유아가 다른 사람과 상호작용을 할 기회를 자주 갖도록 한다.
- 그림책을 자주 읽어 주고, 이야기를 들려 주는 일을 자주 갖도록 한다.
- 영유아용 프로그램을 시청할 때에는 함께 이야기를 나누며 상호작용한다.
- 그림책, 신문, 전단지, 간판 등 인쇄물 읽기 자료나 다양한 쓰기 자료 등을 쉽게 가지고 사용할 수 있도록 환경을 마련해 준다.
- 일상생활과 관련된 읽고 쓰기가 이루어지도록 한다.
- 그림책을 소리 내어 읽어 주기, 읽으며 그림책에 대해 편안하게 대화를 나누도록 한다.
- 부모가 신문 읽기, 독서하기, 안내문 읽기 등의 모습을 보여 주는 것이 중요하다.

2) 가정에서의 교수방법

영유아의 언어발달은 말하기, 읽기, 듣기, 쓰기 4영역을 포함하고 있다. 가정에서도 영유아의 언어발달을 위해서 각 영역에 맞도록 언어를 지도할 수 있도록 적절한 환경과 자료 등을 준비해 주어 안정적인 언어발달이 이루어지도록 한다. 다음은 각 영역에 따른 가정의 연계에 대해 알아보고자 한다(서소정 외, 2017).

(1) 말하기 지도를 위한 가정의 연계

영유아의 말하기 능력을 향상시키기 위해서 유아교육기관과 가정의 긴밀한 연계가 필요하다. 교사와 부모는 영유아교육의 동반자로 부모는 유아교육기관의 오리엔테이션에 참여함으로써 교육에 대한 정보를 획득하고, 교사와 자녀의 상호작용방법 및 과정에 대해 알며 그 정보를 가정에서 자녀와의 상호작용에 적용한다.

영유아의 말하기, 즉 어휘발달은 부모와의 대화를 통해 증진된다. 특히, 초기 언어발달에 있어서 어휘발달영역이 차지하는 비중은 상당히 크다. 영유아는 자신에게 의미있는 상황에서 언어를 생성하도록 해 주면, 그냥 수동적으로 언어에 노출되는 것보다 훨씬 더 언어를 잘 배운다. 즉, 영유아에게 질문을 하고 스스로 답을 찾도록 격려해 줌으로써 탐구심을 키워 주려는 어머니의 언어적 자극은 유아의 지적 성장을 촉진시킬 수 있다(이연섭, 1985).

말하기 능력을 향상시키기 위해 유아교육기관은 부모교육, 부모상담, 알림장 등의 정보 공유방법을 통해 가정에 최대한 지원해야 한다. 유아교육기관과 가정의 역할을 살펴보면 다음과 같다.

첫째, 부모가 일상생활에서 바른 말하기 모델 역할을 할 수 있도록 한다. 유아교육기관은 부모를 대상으로 연령별로 말하기의 발달특성에 대해 오리엔테이션을 하고, 부모가 자녀의 발화에 관심을 갖고 주의 깊게 관찰하여 자녀의 특성에 맞게 인내심을 가지고 기다릴 수 있도록 한다. 또한 부모가 표준어를 사용하도록 하고, 자녀가 잘못된 언어를 사용하여 말할 경우 '귀엽다'고 넘기지 말고 바르게 말할 수 있도록 고쳐주도록 한다.

둘째, 유아교육기관은 영유아가 자연스러운 분위기에서 명확하게 자신을 표현할 수 있도록 부모가 수용적인 분위기의 환경을 조성할 수 있도록 지원한다. 말하기 능력은 정서와 관련된다. 영유아가 가정에서 긴장감 없이 자기의 의사표현을 할 수 있도록 부모는 들어 주는 태도를 가져야 하며, 영유아의 이야기를 평가하고 판단하여 잔소리를 하거나 방해하지 않도록 한다. 또한 영유아의 잘못된 행동을 부정적인 말로 표현하여 자존감을 떨어뜨리지 않도록 하며, 영유아 스스로 잘못을 수정할 수 있도록 긍정적인 말로 격려한다. 그리고 영유아가 이야기를 할 때 말하는 의도에 주의를 기울이며 눈높이에 맞추어 의사소통을 한다.

셋째, 부모가 어휘력 향상을 도모할 수 있도록 지원한다. 말하는 과정에서 부모가 새롭고 묘사적인 어휘를 사용하여 표현할 수 있도록 한다. 즉, 영유아에게 그림책을 읽어 주고 그림책의 내용과 주인공 등에 대해 알게 된 점과 느낀 점 등을 묘사하도록 하며, 영유아가 그림책에 나오는 내용을 기억하여 창의적으로 묘사할 때 적극적으로 격려한다. 또한 인형 등을 이용한 역할놀이와 다양한 상황을 극화시켜 일상생활에서 사용하는 언어로 부모에게 이야기를 하도록 함으로써 어휘 사용의 기회를 높인다.

넷째, 부모가 가능한 한 영유아와 자주 대화를 하고, 이야기의 소재가 풍부하도록 다양한 활동에 함께 참여하도록 지원한다. 부모는 영유아의 일상생활과 관련하여 자주 대화하고, 영유아가 관심 있는 것에 대해 질문하고 대답할 수 있도록 하여 영유아의 흥미를 증진시킨다. 또한 유아와 함께 시장 가기, 동물원 견학, 도서관 방문, 스포츠 활동 등의 다양한 활동에 참여하고 극활동에 관해 이야기하며 대화의 기회를 높일 수 있도록 한다. 이를 위해 유아교육기관은 영유아와 가족이 함께 경험하기 좋은 장소를 안내하며, 경험한 사진을 가져오게 하여 영유아가 교사와 친구들에게 말로 표현할 수 있는 활동을 전개한다.

(2) 듣기 지도를 위한 가정의 연계

영유아의 듣기 능력을 향상시키기 위한 노력은 유아교육기관에서 교사를 통해서만 이루어지기에는 많은 한계가 있다. 부모는 영유아가 만나는 최초 교육자이다. 유아교육기관은 가정에서 부모를 비롯한 가족들이 영유아의 듣기 지도가 가정생활 가운데 자연스럽게 이루어질 수 있도록 돕는 역할을 해야 한다. 즉, 가정에서 효과적인 듣기 지도를 할 수 있도록 듣기 활동을 위한 부모교육을 실시하며, 언어전달활동 및 그림책을 이용한 다양한 연계활동을 통해 부모 참여를 높이고 가정에서 부모역할을 수월하게 할 수 있도록 지원한다. 듣기 능력을 향상시키기 위한 부모역할은 앞서 언급한 교사의 역할과 유사한 맥락에서 지원된다.

첫째, 부모는 자녀와의 상호작용 시 자녀의 말을 주의 깊게 듣고, 적절히 반응하는 태도를 보여야 한다. 평소 부모의 듣는 태도는 자녀에게 모델링이 된다. 자녀가 이야기할 때 눈을 마주치며 집중하여 듣고, "우리 ○○이가 속상하구나" 또는 "우리 ○○이가 하고 싶은 말이 많았구나" 식의 인정하는 부모의 태도는 자녀가 부모의 말을 집중해서 듣게 만드는 태도를 갖게 한다. 이렇듯 바람직한 듣기 태도는 더욱 친밀한 부모-자녀 관계를 형성하게 하며, 더 나아가 원만한 또래관계를 만들어 갈 수 있게 한다(Thomas Gordon et al,, 김인자 역, 2000).

둘째, 그림책, 동시 등을 충분히 읽어 주고 내용에 대해 함께 이야기를 나눈다. 특히, 그림책 이야기를 들려주고 다시 말해 보게 하는 활동은 이야기에 대한 감각을 발달시켜 긍정적인 듣기 태도는 물론 이야기에 대한 이해력을 향상시킨다. 그림책과 동시의 선정은 유치원 혹은 어린이집에서 진행되는 주제활동과 아동의 흥미에 맞는 것으로 유아교육기관에서 선정하여 가정에 제공할 수 있다.

셋째, 주변의 소리에 관심을 가지고 다양한 소리를 듣고 구별해 볼 수 있도록 소리 나는 이야기 책, TV, 녹음기, 자료와 매체 등 듣기 활동에 필요한 환경을 구성한다. 엄마와 아빠 등 가족들의 목소리로 녹음한 동화와 이야기, 동물 소리 등을 제공하여 영유아가 흥미롭게 듣기 활동을 할 수 있도록 환경을 구성한다.

(3) 쓰기 지도를 위한 가정의 연계

영유아의 쓰기 능력 향상을 위한 유아교육기관과 가정의 연계는 다른 영역에서도 언급한 바와 같이 영유아의 발달특성에 따른 쓰기 수준과 쓰기 발달단계, 쓰기의 원리를 이해할 수 있도록 부모교육 및 부모상담 그리고 영유아의 쓰기 활동의 연계 등이 있다. 부모가 알아야 할 쓰기 지도는 다음과 같다.

첫째, 쓰기는 글을 통한 의사소통으로 글자의 표기가 아닌 영유아의 의미 있는 표현으로 이해해야 한다. 대체로 부모는 영아기부터 바른 표기를 위해 많은 시간을 투자하는데, 이는 비효과적일 뿐만 아니라 쓰기에 대한 흥미를 잃게 만들 수도 있다. 영유아와 상호작용을 하다 보면 소근육이 발달하면서 무엇인가를 끼적이고 싶어 하는 행동이 발견된다. 부모는 영유아의 행동을 통해 의도를 파악하고 반응해 주며 함께 끼적이는 활동을 함으로써 영유아의 흥미를 높인다. 이때 부모의 반응은 영유아의 의사표현에 대한 피드백으로 더욱 친밀한 상호작용을 가능하게 하며 보다 적극적인 끼적이기 활동을 지속시킨다.

둘째, 쓰기는 비지시적인 형태로 자연스럽게 습득할 수 있도록 풍부한 문식적 환경을 만들어 준다. 지시적인 쓰기 지도방법은 단어, 문장 쓰기들을 잘 가르칠 수 있을지 몰라도 자연스러운 언어 사용을 억제하기 때문에 실제 상황에 맞는 적절하고 설득력 있는 언어 사용을 가르치기는 어렵다. 가정에서 쓰기가 가능한 한 자연스럽게 많이 일어날 수 있도록 풍부한 문식적 환경을 제공하는 일이 중요하다.

셋째, 쓰기의 발달단계가 끼적이기에서 출발하여 작문으로 표현되기까지 다양한 과정을 거치며 점진적으로 나타난다는 것을 인식한다. 영유아가 글을 아는 것은 교사는 물론 부모에게 매우 관심 있는 일이다. 이에 가능하면 일찍 글을 깨우칠 수 있도록 조기학습을 위한 다양한 방법을 고안하여 제시한다. 그러나 영유아의 쓰기는 마치 나무의 뿌리가 땅 속에서 자리를 잡고 튼튼히 자라가는 것과 비슷하여 서서히 글자에 관심을 가지게 되고 점차적으로 글자를 써 나가게 된다. 따라서 영유아의 개별적 발달수준과 관심, 흥미를 고려한 의미 있는 상호작용을 해 나가야 한다.

넷째, 유아교육기관에서 진행되는 연령에 따른 쓰기 활동에 적극적으로 참여한다.

영아의 경우 알림장은 교사가 작성한 글을 통해서 부모에게 전달되며, 영아는 이러한 과정 속에서 글의 역할을 자연스럽게 경험하며 흥미를 보인다. 또한 유아교육기관에서 제시하는 끼적이기 자료를 공유하여 유아교육기관에서의 경험이 가정에서도 연계될 수 있도록 하는 것도 좋다. 유아의 경우 부모와 함께 하는 NIE 활동, 우리 가족을 소개하기, 부모님께 편지 쓰기, 스승의 날 감사 편지 쓰기 등 의미 있는 쓰기 활동으로 유아교육기관과의 연계에 적극 참여한다.

(4) 읽기 지도를 위한 가정의 연계

글자를 알고, 글을 읽는 것은 부모에게 가장 큰 관심사 중 하나이다. 그러나 부모가 언제, 어떻게 가르쳐야 할지는 그 지도에 대한 방향을 찾아가기 어렵다. 읽기가 단순히 글자들의 배열을 인식하는 것이 아닌 의미를 파악하기 위한 적극적인 사고과정이 필요한 고도의 정신과정이기에 읽기를 위한 지식과 정보를 충분히 부모에게 안내하며 지원하는 것이 필요하다. 즉, 읽기에 관련된 요소들이 어떤 것들인지를 안내하고 영유아의 발달에 맞는 읽기 지도를 위한 부모의 역할을 적절하게 할 수 있도록 지원한다. 가정에서 부모가 알고 실천해야 할 것들은 다음과 같다.

첫째, 좋은 읽기 환경을 마련해 줄 수 있는 가장 첫 번째 사람은 부모이다. 영유아의 읽기 발달은 가정이 얼마나 많은 책과 장난감을 사 주느냐에 있지 않고 유아의 읽기 발달을 위해 무엇을 얼마나 도와주느냐에 있다. 부모는 유아의 관심과 행동에 주의를 기울이면서 함께 토론하고 글자와 글을 통해 의사소통하는 경험을 가지게 하여 생활 속에서 자연스럽게 읽기 경험을 할 수 있도록 유도해야 한다. 부모가 그림책을 읽어주고, 이야기를 들려주고, 사고를 요구하는 질문을 하고, 새로운 어휘에 대해서는 주의를 기울여 설명해 주는 등 부모의 이러한 노력은 효과적인 읽기 지도방법이며, 부모의 의도적인 노력은 좋은 읽기 환경을 만든다(이차숙, 1995).

둘째, 글을 읽는다는 것은 글자의 구조와 발음을 아는 것보다 그 글이 가지는 의미를 아는 것이 우선이다. 읽기는 글을 통한 소통이다. 영유아는 그들이 가진 경험과 관심을 중심으로 친숙한 글자가 나타내는 의미를 알게 되면서 흥미롭게 읽기를 습득해 나간다. 따라서 부모는 어린 영아기부터 연필을 잡고 글자를 가르치는 것보다 생활 속에서 큰 글자를 찾아 읽어 주거나 그림책을 자주 읽어 주면서 글에 대한 호기심과 관심을 높이고, 읽기를 통해 의미 있는 상호작용을 하는 것이 바람직한 읽기 지도가 됨을 인식해야 한다.

셋째, 영유아의 연령별 발달특성을 고려한 적절한 읽기 지도를 한다. 영아의 경우 친숙한 책에 대한 반복적인 읽기를 기대하며, 반복적인 책 읽기로 인해 책의 내용을 외워서 읽기를 흉내 내는 모습을 보인다. 이는 영아기의 특성을 반영한 것으로 그림책에 대한 안정되고 친근한 애착행동의 표현이라 볼 수 있으며, 충분한 이해와 만족이 이루어지면 다른 책으로 관심을 옮기게 된다. 따라서 영아에게 번갈아 가며 새로운 책을 읽어 주는 것은 적절하지 않다. 반면, 유아는 친숙한 글자에 대한 읽기가 가능해지며, 다양한 정보와 새로운 어휘의 습득에 관심을 보인다. 따라서 아는 글자 찾기 게임이나, 동화 · 동시 · 동극을 통한 활동으로 읽기 능력을 높일 수 있는 기회를 제공하는 것이 필요하다. 또한 다양한 종류의 그림책을 준비해 주고, 유아가 관심을 보이는 주제의 책을 중심으로 자주 읽어 주는 기회를 가짐으로써 유아가 기대하는 정보를 얻게 하는 동시에 읽는 것에 어려움을 느끼지 않도록 돕는다.

3) 가정의 문식환경

(1) 문식성과 문식환경

문식성이란 사람이 살고 있는 특정한 문화 속에서 사용되는 문자언어를 이해하고 사용하는 능력으로 정의된다(Smith, 1984). 또한 생활 속에서 의사소통을 효율적으로 할 수 있는 개인의 능력이며, 듣기 · 말하기 · 읽기 · 쓰기 능력뿐 아니라 이 모든 것을 통합하여 현상을 바라볼 수 있는 능력까지를 의미하기도 한다(이차숙, 2007).

유아의 문식성발달은 오래 전부터 교육의 중요 논의의 대상이 되어 왔고, 시간의 흐름에 따라 여러 관점에서 그 이론이 조명되어 왔다. 유아의 문식성발달의 이론은 두 가지 관점에서 생각해 볼 수 있다. 첫 번째는 전통적인 관점(traditional perspective)으로 읽기, 쓰기의 준비학습을 강조하며, 두 번째는 발생적 관점(emergent perspective)으로 사회 · 심리 · 언어학적인 면을 강조하는 것이다(이문정, 1992). 특히, 발생적 관점에서 설명하는 문식성발달이론은 유아가 형식적인 문자 지도를 받기 이전부터 생활의 경험 속에서 문식성발달이 자연스럽게 이루어짐을 설명한다(Clay, 1975; Durkin, 1966; Read, 1975; Ruddell & Ruddell, 1994; 이차숙, 2007; 구정아, 2009 재인용). 이는 유아의 문식성발달이 학교나 유아교육기관을 입학하기 전의 가정생활에 의해 영향을 받을 수 있다는 사실을 의미한다. 블룸(Bloom)은 환경을 개인과 상호작용함으로써 개인에게 영향을 미치는 과정 및 조건으로 정의하고, 인간특성에 영향을 주는 일종의 지속적인 힘으로 보았다. 그는 어떤 경험을 개인에게 마련해 줄 수 있는 가능성을 많이 가지고 있는 환경은 그렇지 못한 환경에 비해 인간의 행동특성을 변화시키는 데 더욱 힘 있게 작용하는 요인이 될 수 있다고 주장한다(강윤심, 2005 재인용).

유아의 언어능력도 환경과의 상호작용에 의해 발달하며, 유아기 동안 부모와 자녀의 일상적인 경험을 통해 문식성에 대한 가치와 이용양식이 전수된다.

(2) 가정의 문식환경

가정은 유아들이 태어나서 최초로 문식을 관찰하고 경험하는 곳이며, 이를 통하여 문식의 목적, 기능, 가치를 인식하게 되는 것이다. 따라서 유아의 문식성발달에 미치는 가정의 영향력은 지대하다(Taylor, 1983).

유아의 문식성발달에 직접적인 영향을 미치는 가정문식환경은 학자마다 다양하게 정의되고 있다. 모로(Morrow, 1977)는 가정문식환경을 유아의 문식성발달에 영향을 주는 가정의 인적 · 물적 환경으로 개념화한다. 하리스와 스미스(Harris & Smith, 1986)는 가정문식환경이란 인쇄물의 기능과 형태에 대한 지식을 유아가 구축할 수 있도록 증진시키는 역할뿐 아니라 의사결정에 참여할 기회, 문식성발달에 영향을 주는 환경으로 정의하였다. 이는 유아들에게 문식 자료를 탐색하게 하여 인쇄물의 형태와 기능에 대한 지식을 갖도록 하는 환경을 의미한다(채혜경, 2008, 재인용).

가정의 문식환경은 일반적으로 아동이 문식 관련 자료에 노출되는 빈도, 가정에 비치된 도서의 수량 등을 나타내지만, 구체적으로 유아가 책을 읽거나 문식 관련 활동을 하는 데 보내는 시간으로 정의되기도 한다(Leseman & DeJong, 1998). 또한 가정문식환경 측정을 위해 유아의 도서관 방문 횟수나 일상적인 인쇄물 등의 노출 정도, 부모의 읽기 모델링 등의 여부를 포함시키기도 한다.

클레이(Clay, 1991)는 가정문식환경을 유아의 말하기, 듣기, 읽기, 쓰기와 발생적 문식성을 지원하고, 유아가 몰두할 수 있는 진정한 기회를 제공하는 가정환경으로 여겼다. 장과 아비(Zhang & Arvey, 1988)는 유아의 문식성발달을 돕는 지원적인 부모활동을 가정문식환경으로 정의하였다(황현희, 2005, 재인용).

맥기와 기체겔스(McGee & Richgels, 1990)는 유아의 문식성발달에 영향을 주는 가정문식환경의 요인을 여섯 가지로 정의하였다. 첫째, 읽기, 쓰기 자료가 풍부한 환경이다. 즉, 다양한 읽기, 쓰기 자료에 쉽게 접근 할 수 있어야 한다는 것이다. 둘째, 읽기, 쓰기의 기능이 이루어지는 환경이며, 문식환경이 풍부한 가정은 부모가 모델링으로서의 역할을 충분히 수행해야 한다. 셋째, 문식성이 일상생활습관으로 일어나는 환경이다. 넷째, 문어에 대한 대화가 풍부하게 이루어지는 환경이며, 부모가 이야기책을 읽어주면서 유아에게 책과 관련된 다양한 상호작용을 한다. 다섯째, 부모가 유아의 문식성발달을 지지해 주는 책임의식을 갖는 환경이다. 여섯째, 부모들이 유아의 지식에 대해 민감한 환경이다.

문식환경이 풍부한 가정의 부모는 유아와 함께 책을 읽을 때 어떻게 해야 유아에게 의미 있고 즐거운 경험이 되는지를 안다(구정아, 2009, 재인용). 또한 책을 읽을 때 어머니와 유아가 나누는 언어적 상호작용의 유형과 양, 다양한 읽기경험, 부모가 읽기, 쓰기의 모델이 되어 주는 것 등이다(김태선, 1998).

4) 언어장애와 가정지도

언어장애아동의 치료의 효율성 증대를 위한 기초적인 치료 및 지도는 가정에서도 이루어져야 한다. 우선 이비인후과, 소아과, 치과 등의 의학적인 치료가 요구되면 먼저 필요한 치료를 받게 한다. 성격, 행동, 모자관계 등에 관해서 정서적인 문제가 있으면 유희치료, 심리극 등을 통해서 정서적인 문제를 해소시킨 후 언어적인 환경을 조성시킨다. 우리들은 보통 의식하지 않고 말하고 있지만 지나치게 주목하거나 긴장하게 되면 언어가 혼란해지는 것은 누구나 경험하는 일이다. 그러므로 말할 때에 이러한 일이 일어나지 않도록 아동에게 수용적으로 들어주는 것이 중요하며, 일상생활 용어를 많이 사용하도록 한다. 호흡, 발성, 조음기관 등에 기능장애가 있고 훈련에 의해서 향상이 기대되는 경우 전문가의 상담지도에 따라 적극적으로 실시한다. 언어장애가 있으면 어린이를 보는 데 언어에만 주의가 집중되어 언어 이외의 여러 가지 능력의 발달에 대해서는 간과하기가 쉽다. 건강의 증진, 신체운동기능의 발달, 정서 및 사회성의 발달 등에 대해서 어린이의 여러 가지 능력을 촉진하도록 항상 배려하는 것이 바람직하다. 언어는 다른 면의 발달이 기초가 되어 향상되므로 단지 언어만으로 받아들이지 않도록 주의하여야 한다(석동일, 1996).

언어치료와 관련해서 여러 전문영역이 함께 하지만, 특히 언어치료사는 언어치료 교육과 부모의 문제를 상담하는 두 가지 역할을 해야 한다. 영유아의 주 양육자이며 치료의 협력자인 부모에게 아동의 언어장애에 대한 이해와 수용을 돕기 위하여 집단 및 개별 상담을 실시한다. 또한 부모가 가정에서 적절히 지도할 수 있도록 언어 가정지도방법을 개별 지도한다.

부모는 아동이 적극적이고 능동적으로 의사소통하도록 유도하기 위해서 아동과 적절하게 상호작용해야 한다.

(1) 의사소통을 촉진시키는 상호작용지침

① 아동이 흥미를 보이는 것에 대해 이야기한다.

② 아동이 활동을 주도하도록 하고 부모는 아동을 따른다. 아동의 말의 시작이나 언급에 대해 확실하게 반응한다.

③ 질문을 너무 많이 하지 않도록 한다. 질문이 꼭 필요한 경우에는 "어떻게 하는데?", "무슨 일이 일어났지?", "왜 그랬지?"와 같은 질문을 해서 보다 긴 대답을

얻을 수 있게 한다.

④ 아동으로 하여금 질문하도록 유도하고 솔직하게 반응해 준다. 대답해 주기 어려운 경우에는 그 이유를 설명해 준다.

⑤ 즐거운 음조의 목소리를 사용한다. 희극배우처럼 행동할 필요는 없지만 경우에 따라서는 밝고 유머감 있게 행동한다.

⑥ 아동의 언어에 대해 쉽게 판단하거나 무시하지 않아야 한다. 만약 아동의 언어에 대해 지나치게 비평하거나 모든 오류를 고쳐주려 한다면 아동은 더 이상 말을 하지 않을 것이다.

⑦ 아동이 대답할 시간을 충분히 제공한다.

⑧ 아동을 존중해야 한다. 아동이 말하고 있는 동안 중간에 끼어들지 않는다.

⑨ 아동이 가정에서나 유치원에서 토론에 참여할 수 있도록 한다. 참여를 권하고 아동의 생각을 주의 깊게 듣는다.

⑩ 아동과 아동의 언어를 수용하여야 하며, 아동이 언어를 사용하고 언어를 통해서 자신의 목표를 성취할 수 있도록 기회를 제공한다.

(2) 언어와 관련된 과제집중기술의 증진을 위한 지도

아동이 의사소통을 하거나 특정한 과제를 습득하기 위해서는 의사소통을 하는 상대방이나 습득과제에 대해 적절하게 집중할 수 있어야 한다. 즉, 상대방이 주목하고 있는 활동이나 물체에 대해 아동도 관심을 가지고 눈으로 자세히 관찰하고, 귀 기울여 자세히 들으며 사고해야 한다. 어린 아동의 경우는 아동이 현재 관심을 가지고 놀고 있는 물체나 활동에 어른이 개입하고 어른의 개입에 대해 아동이 관심을 보이면 아동이 좋아하는 다른 물체나 활동을 다소 과장된 억양, 제스처, 의성어 등과 함께 제시함으로써 관심을 유도한다. 한편, 언어의 다양한 문법적 요소들을 습득해 가는 3세 이후가 된 아동의 경우는 보다 정교한 언어를 사용하여 의사소통하기 위해 언어적·비언어적 과제에 주목하여 사고하고 유추하는 능력이 필요하다.

언어의 시·청각적 과제에 대해 적절하게 집중하도록 하기 위한 지도활동들을 살펴보면 다음과 같다.

① 시각적인 정보 기억하기: 없어진 물건 찾기

- 책상 위에 사물들을 나열하고 관찰하도록 한다.
- 아동의 눈을 감게 하고 사물 하나를 감춘다.
- 아동은 눈을 뜨고 없어진 물건의 이름을 말한다.
- 나열하는 물건의 수와 감추는 물건의 수를 점차 늘려가며 집중력을 증진시킨다.

② 시각적인 정보 기억하기: 없어진 신체 부위 찾기

- 아동과 함께 종이인형을 만들면서 각각의 신체 부위를 확인한다.
- 아동의 눈을 감게 하고 종이인형에서 신체 부위 하나를 떼어낸다.
- 아동은 눈을 뜨고 빠진 신체 부위의 이름을 말한다.
- 떼어내는 신체 부위의 수를 점차 늘려가며 집중력을 증진시킨다.

③ 청각적인 정보 기억하기: 이야기를 제스처로 표현하기

- 5~6개 장면의 행동순서로 나열할 수 있는 짧은 내용의 이야기를 선정한다.
- 아동에게 한 장면씩 이야기를 들려준다.
- 아동은 한 장면씩 듣고 그 장면을 행동으로 흉내 낸다.
- 이야기의 내용을 늘여가며 집중력을 증진시킨다.

Chapter 10

언어교육의 실제

영유아의 언어발달은 일상생활에서 부모와 교사 혹은 또래와의 자연스러운 상호작용을 통해 이루어진다. 영유아의 언어발달을 위한 상호작용은 일상생활과 놀이 속에서 이루어지는 경험, 지식, 생활 그 자체이다. 영유아의 언어는 놀이할 때 자유롭게 상상하고 표현하며 소통의 도구가 된다. 또한, 영유아기의 놀이가 언어를 통해 발현되어 확장된다. 그러므로 영유아기의 언어발달은 놀이와 매우 밀접한 관련성을 가진다.

영유아기의 언어놀이는 그림책, 동화구연 등의 매체의 활용과 더불어 교사의 언어놀이확장을 위한 지원이 매우 중요하다. 영유아 언어놀이의 확장과 축소는 교사의 지원과 직접적 관계를 가진다. 언어의 의미를 갓 받아들이기 시작하는 영아기에서부터 능숙하게 글을 읽고 쓰고, 논리적으로 말하며, 집중하여 듣는 유아기에 이르기까지 질높은 교사의 상호작용은 언어발달의 깊이를 더해주어 발판화의 역할을 한다. 이러한 교사의 상호작용은 영유아의 언어발달 수행과정에 관한 지속적인 관심과 관찰에 기반하여 이루어진다. 교사의 꾸준한 관찰은 질 높은 상호작용과 의사소통의 기회를 확대로 이어질 수 있다. 영유아 언어놀이의 실제는 다음과 같이 영아를 위한 언어놀이, 그림책을 활용한 언어놀이, 사고의 도구가 되는 언어놀이이다.

1. 영아를 위한 언어놀이
2. 그림책 언어놀이
3. 사고도구 언어놀이

1. 영아를 위한 언어놀이

영아기 언어발달의 수준은 성인과 동일하지는 않지만 일상생활의 경험을 느끼고 생각하고 표현할 수 있으며, 말하는 사람의 말소리를 포함하여 표정, 행동, 분위기 등을 종합하여 이해하는 능력을 가지고 있다. 영아기의 의사소통능력은 주변인과의 상호작용을 통해 이루어지며, 양육자와 교사와의 모델링, 주변인의 발판화, 또래와의 놀이로 이루어진다. 영아기의 언어적 상호작용은 영아의 주변에 관한 호기심을 자극하여 언어 확장의 자극제가 된다. 그러므로 영아기의 언어놀이는 일상생활에서 다양한 주제를 통해 주변인과 의사를 소통하는 경험이 중요하다. 이를 위한 교사의 역할은 영아가 무엇을 바라보며 말하고, 듣고 이해하는지 관찰해야 하고, 적절하게 상호작용함으로써 영아의 언어적 흥미와 관심을 확장하는 것이다.

- 숲 탐색하기
- 기저귀 봉지
- 내 이름표
- 곤지곤지
- 내 얼굴
- 모래가 변했어요!
- 뿡뿡! 달려가요
- 냠냠냠! 맛있는 요리
- 우리 가족이에요!
- 소리 말

놀이명

숲 탐색하기

놀이 전개

- 숲을 산책하며 교사는 영아가 관심있게 바라보거나, 손으로 자연물을 가리키는지 살펴보고 영아가 관심을 가지는 자연물을 함께 보고 이야기 나눈다.
- 교사는 영아와 눈을 마주치며 자연물의 이름을 천천히 정확한 발음 이야기해 준다.
  "○○가 나무를 보는구나."
  "이것은 나무라고 해. 나무!"
- 교사는 영아가 시각적 자극 외에 청각, 후각, 촉각 등의 다양한 감각놀이를 즐기도록 상호작용한다.
  "○○아! 지금 어떤 냄새가 날까?
  "나뭇잎을 만져볼까?"
- 교사는 영아의 음성언어 이외의 자연스러운 표정을 읽어준다.
  "○○가 꽃향기를 맡고 활짝 웃는구나."
  "선생님도 ○○처럼 꽃향기를 맡으니 기분이 좋아지네."
- 영아의 음성언어 이외의 표현을 촉진하며 상호작용한다.
  "○○가 새소리를 들으니 뛰고 싶어졌구나."
  "지금 들리는 새소리를 몸으로 표현해 볼까?"

놀이 연계

- 숲에서 탐색가능한 자연물의 종류(잎모양: 단풍나무 vs 오동나무)를 다르게 하여 서로 비교하여 관찰하기의 심화활동을 구성한다.

교사의 놀이 지원

교사는 영아가 산책 중에 발견하는 자연물로 오감을 사용하여 자연을 느낄 수 있도록 상호작용한다. 월령이 낮은 영아에게는 교사의 모델링을 통해 지각된 감각을 다양한 언어로 표현하는 것을 보여주며 상호작용한다. 교사의 리듬미컬한 모양과 소리를 나타내는 의성어와 의태어는 영아의 관심과 흥미를 유발하는 즐거운 언어놀이가 된다. 교사는 영아가 지각한 감각을 언어뿐만 아니라 표정, 몸짓 등 다양한 방법으로 표현할 수 있음을 알려준다.

놀이명

기저귀 봉지

놀이 전개

- 영아가 자신이 차고 있는 기저귀를 잡아당기며 교사에게 다가온다.
- 교사는 영아에게 다정한 목소리고 이야기한다.
  "○○아 기저귀 갈아 줄까요?."
  "○○가 아주 잘 했구나! 선생님한테 쉬를 쌌다고 알려줬구나."
- 교사는 ○○의 손을 잡고 함께 ○○의 기저귀가 있는 사물함으로 간다.
  "○○이 기저귀가 여기 있네!"
  "○○가 손에 잡은 것은 기저귀야."
- 교사는 유아와 눈을 맞추며 천천히 기저귀라로 말해 준다.
  "○○아! 우리 이제 기저귀 갈러 가자."
  "○○는 선생님한테 쉬했다는 것도 이야기 해줬어. 형님 같이 멋졌어."
- 교사는 웃으며 사물을 가리키고 자신의 상태를 표현한 영아를 칭찬한다.

놀이 연계

- 기저귀 이외에 영아가 사용하는 물건의 사진이나 그림을 살펴보고 물건의 이름을 이해한다.

교사의 놀이 지원

영아기의 언어발달은 자신의 주변에서부터 시작된다. 교사는 영아가 일상에서 경험하며 시도하는 의사소통의 신호를 잘 감지해야 한다. 영아의 작은 의사소통 시도의 성공은 언어적 활동의 시작이 된다. 소통에 성공한 영아는 더 많은 사물과 활동을 표현하고자 시도할 수 있다.

놀이명

내 이름표

놀이 전개

- ○○가 씩씩하게 자신의 덩치만큼 큰 가방을 메고서 부담임교사와 함께 교실로 걸어 들어온다.
- 교사는 영아에게 웃으며 인사한다.
- 교사는 영아의 이름을 반갑게 불러준다.

"○○아! 안녕하세요? 반가워!"

"○○이 어제 밤에 잘 잤어?"

- 교사와 자연스럽게 인사를 나눈 ○○에게 교사는 사물함의 ○○이 자리를 가리키며 안내한다.

"○○이 자리가 어딜까? 선생님은 잘 모르겠네."

- 영아는 웃으며 자신의 자리에 가방을 놓는다.
- 교사는 영아의 행동을 칭찬하고 손가락으로 이름을 가리키며 천천히 읽는다.

"우와! 잘 찾았네!"

"맞아 여기가 ○○이 자리야. "

"○○○! 이라고 적혀 있네."

놀이 연계

- 사물함의 이름표 외에 영아의 이름이 적힌 곳을 찾아보고 함께 읽어 본다.

교사의 놀이 지원

영아기 문해능력 발달은 가시적인 결과물을 보이지는 않는다. 하지만 많은 영아들이 기관에서 자신의 이름표를 보고 자신의 물건과 자리를 찾을 수 있다. 습관적으로 찾게 되는 행동이 아니라 자신의 이름 세 글자를 이해하는 문해능력의 발달이라고 볼 수 있다. 자신의 이름을 찾게 되면 자연스럽게 이름 석자의 음가가 있음을 알게 되고, 세상에는 동일한 음가를 가진 많은 어휘가 있다는 것을 차츰 알아가게 될 것이다.

놀이명

곤지곤지

놀이 전개

- 교사는 영아와 마주 보거나 교사의 무릎에 영아를 앉힌 다음 곤지곤지라고 이야기 한다.
- 교사의 곤지곤지라는 이야기와 동시에 교사는 자신의 손으로 곤지곤지를 행동으로 보여준다.
- 곤지곤지는 한 손은 펴고, 다른 한 손은 손가락 하나만 펼친 상태에서 손가락 하나를 다 펼친 다른 손바닥으로 두드리는 동작이다.

  "곤지곤지."
- 교사는 웃으며 영아의 손을 잡고 곤지곤지의 손 형태로 만들어 준다.

  "곤지곤지!"
- 영아와 손을 잡고 반복 놀이를 하다가 익숙해지면 영아의 손을 놓는다.

  "곤지곤지"
- 영아는 혼자 반복적으로 곤지곤지 동작을 한다.

놀이 연계

- 다양한 전통아기놀이(짝짜꿍, 곤지곤지, 고레고레, 따로따로, 단지팔기)를 통해 감각놀이을 경험한다.

교사의 놀이 지원

교사의 운율적인 말놀이에 영아는 즐거움과 관심을 가지게 되고, 교사의 반복되는 언어적 표현에 영아는 운동적 반응을 하게 된다. 곤지곤지는 짝짜꿍보다 세련된 동작으로 교사의 곤지곤지라는 말소리에 한 손은 펴고 다른 한 손은 한 손가락만 펼쳐 손가락으로 다른 손바닥을 두드리는 동작을 하게 된다. 영아는 교사와의 놀이로 자연스럽게 말소리를 통해 자신의 신체를 움직이는 연습을 한다.

놀이명

내 얼굴

놀이 전개

- 영아가 거울 앞에 앉아 거울에 비춰진 자신의 모습을 바라보며 손을 뻗어 만져보려 하고 있다.
- 교사는 가까이 다가가 영아의 얼굴에 손가락으로 가리키며 상호작용을 한다.

  "○○이 예쁜 눈은 어디 있을까?"
- 교사의 손가락으로 눈을 가리키는 모습을 영아는 거울을 통해 보고 자신의 손으로 눈을 가리킨다.

  "○○이 예쁜 코는 어디 있나?"
- 영아는 거울을 보며 손가락으로 코를 카리킨다.
- 교사는 거울 속 영아의 얼굴을 보면서 운율이 있는 말투로 이야기 나눈다.

  "○○이 예쁜 입은 어디 있나?"

  "○○이 예쁜 눈썹은?"

  "○○이 예쁜 귀는?"

놀이 연계

- 영아의 얼굴 이외에 손, 발, 팔, 다리, 머리, 머리카락, 배 등 신체의 다양한 부위를 알아보고 움직여 본다.

교사의 놀이 지원

교사가 운율이 있는 짧은 말을 들려주면 영아는 교사의 말놀이에 관심을 가지게 되고 놀이에 집중하게 된다. 교사는 영아가 신체적 자아를 인식하도록 구체적인 행동을 통해 운율을 만들어 영아의 얼굴을 인식하도록 도와준다.

놀이명

모래가 변했어요!

놀이 전개

- 실외놀이터의 모래를 눈으로 보고, 손으로 만져가며 탐색한다.
  "○○아 모래를 만져보면 어떤 느낌일까?"
  "우리 함께 모래를 만져볼까?"
- 교사는 영아가 모래탐색을 충분하게 경험한 후 언어로 표현하도록 상호작용한다.
  "모래를 만져보니 어떤 느낌이 들어?"
  "보슬보슬, 부들부들... 선생님은 모래를 만져보니 부드럽네."
- 건조한 모래를 탐색한 후 모래에 물을 뿌리며 변화되는 모습을 탐색한다.
  "모래에 물을 뿌리면 어떤 변화가 생길까?"
  "모래의 색이 변했니? 어떻게 변했을까?"
- 교사는 영아가 젖은 모래를 충분히 탐색하도록 상호작용한다.
  "○○아 물에 젖은 모래는 어떤 느낌일까?"
  "젖은 모래와 마른 모래가 어떤 점이 다를까?

놀이 연계

- 젖은 모래에 나무막대, 돌멩이 등을 활용해 자신이 표현하고 싶은 글 혹은 그림을 끄적여 본다.

교사의 놀이 지원

교사는 영아가 감각적으로 자유롭게 모래를 탐색하도록 충분한 시간과 공간을 지원한다. 영아가 마른 모래에서 젖은 모래로 변화되는 과정을 관찰하도록 상호작용한다. 유아가 탐색한 모래의 변화를 언어로 표현하고 놀이로 즐기도록 교사는 유아와 함께 언어적 표현을 공유한다.

놀이명

뿡뿡! 달려가요

놀이 전개

• 육상교통기관 사진(자동차, 버스, 기차 등)이 있는 그림책을 보며 이야기 나눈다.
"여기 사진이 무엇일까?
"○○이는 자동차를 언제 타봤어? 어린이집 올 때 타고 왔구나"
"언제 누구와 타봤나요?"
• 교사는 영아가 육상 교통기관을 탐색하도록 상호작용한다.
"자동차는 바퀴가 몇 개일까?"
"버스는 어떻게 생겼을까?""
• 사진을 보고 영아가 교사에게 육상교통기관의 특성을 설명하도록 안내한다.
• 교사는 육상교통기관의 특징과 이름을 모델링하여 보여줌으로 영아의 이해를 돕는다.
"○○아! 자동차의 바퀴는 4개 달렸구나."
"○○아! 이것이 자동차라고? 자동차!"
• 영아가 특징을 설명하거나 명칭을 이야기하면 미소와 칭찬으로 상호작용한다.
"○○이는 부릉부릉 자동차도 알고 있구나."

놀이 연계

• 교실에 있는 육상교통기관을 이용하여 어디로 누구와 떠나고 싶은지 상상놀이를 하며 이야기 나눈다.

교사의 놀이 지원

교사는 영아가 안전하게 책 속의 사물을 탐색하도록 하드책을 제공한다. 교사는 영아가 육상교통기관을 설명하거나 경험을 이야기할 때 따뜻한 눈빛, 미소, 간단한 응답으로 상호작용한다.

놀이명

냠냠냠! 맛있는 요리

놀이 전개

- 영아가 역할놀이 영역에서 음식을 만드는 흉내를 내며 가장놀이를 시작한다.
- 교사는 영아가 어떤 요리를 하는지 관심을 표현하고 함께 놀이한다.
  "○○이는 지금 무엇을 만들었어?"
  "돈가스는 무슨 맛일까?"
  "선생님에게도 만들어 줄 수 일을까?"
- 영아의 가장놀이의 상황과 재료들에 관심을 가지고 상호작용한다.
  "○○아 이것은 무엇일까?"
  "○○이도 피자를 참 좋아하는구나."
  "선생님도 참 좋아해 ○○이가 만들어 준 피자 잘 먹을게."

놀이 연계

- 영아가 가장놀이에서 만든 음식의 재료들은 어떤 맛이 나는지, 음식의 재료로 만든 요리를 먹은 경험에 관해 이야기 나눈다.

교사의 놀이 지원

영아의 가장놀이는 상징을 표상하게 하고 상상력을 발달시킨다. 교사는 영아와 가장놀이에 참여하여 자연스럽게 '어머니 말투'를 활용함으로써 영아의 언어 발달 수준에 맞추어 어휘와 음조를 조절하는 역할을 할 수 있다. 또한, 가장놀이를 통해 영아는 대상과 상황에 따라 자신의 언어와 행동을 조절하는 능력을 연습할 수 있다.

놀이명

우리 가족이에요!

놀이 전개

- 교사는 학부모님께 영아의 가족사진을 요청하여 영아와 함께 사진을 보며 가족에 관해 이야기 나눈다.
  "ㅇㅇ이는 어디 있을까?"
  "이 분은 누구일까?"
  "ㅇㅇ이 옆에 이 사람은 누구일까?"
- 교사는 영아가 가리키는 사람을 함께 보고 영아의 설명에 귀기울이며 이야기 나눈다.
  "ㅇㅇ이 형은 정말로 멋있구나"
  "ㅇㅇ이의 아빠는 ㅇㅇ이를 많이 사랑하시는구나."
- 영아가 자신의 가족을 설명하도록 충분한 시간과 기회를 제공하여 경청한다.
  "ㅇㅇ이는 엄마를 정말 좋아하는구나! 엄마도 ㅇㅇ이를 엄청 사랑하신대"

놀이 연계

- 사랑표현을 담은 영아 부모님의 동영상을 감상하고 가족의 사랑을 느끼고 이야기 나눈다.

교사의 놀이 지원

영아가 자신을 사랑하는 가족이 있음을 알고 가족의 소중함을 인지한다. 교사는 영아의 가족소개에 관한 이야기를 경청한다.

놀이명

소리 말

놀이 전개

- 교사는 수도에서 물이 세게 흐르는 소리, 물이 약하게 흐르는 소리, 물방울이 떨어지는 소리를 녹음한다. 영아와 함께 물이 세게 흐는 소리를 들어보고 이야기 나눈다.
  "ㅇㅇ아! 이 소리가 무슨 소리일까?"
  "어디에서 들어 봤어?"
  "물이 어떻게 흐르고 있어?"
- 교사와 영아는 물이 약하게 흐르는 소리를 듣고 이야기 나눈다.
  "ㅇㅇ아! 이 소리는 어떻게 들리니? "
  "좀 전의 소리와 어떻게 다르니?."
- 교사와 영아는 물방울이 떨어지는 소리를 듣고 이야기 나눈다.
  "이 소리는 무슨 소리일까?"
  "어떻게 물이 떨어지고 있니?"
  "소리가 어떻게 들리니? 말로 흉내내 볼까?"

놀이 연계

- 수돗가에 가서 영아가 수도꼭지를 틀어 물소리를 직접 만들어 본다.
- 자연에서 소리를 탐색해 보고, 소리의 상황을 상상하여 이야기 나눈다.

교사의 놀이 지원

영아기의 청각적 자극과 반응은 영아 언어발달의 기초가 된다. 일상생활에서 동일한 소리라도 변화를 주게 되면 영아는 소리에 관심을 가지고 주의를 집중하게 된다. 소리의 구분은 주변의 다양한 소리를 구별하고 양육자의 말소리에 귀기울여 집중할 수 있다.

2. 그림책 언어놀이

잘 선정된 그림책은 영유아의 호기심을 유발하고 이야기 너머에 있는 것들을 상상하게 하여 생각을 전환하고 확장하는 데 도움이 된다. 그림책은 삽화와 글이 함께 들어있어 더욱 매력적인 교육매체이다. 삽화는 이야기를 이해하는 데 도움을 주기도 하고, 장면의 전환을 돕기도 하며, 상상력을 자극하기도 한다. 그러므로 영유아는 그림책 놀이를 통해 일상생활과 문화를 이해하고 경험하지 못한 것들은 간접적으로 경험하게 된다. 교사는 그림책을 활용하여 다양한 영역에서 영유아 놀이의 주제를 체계적으로 확장하고 흥미를 고조시킬 수 있다.

- 옷걸이 상상동물
- 택배가 왔어요!
- 모자를 보았어!
- 내 모자 어디 갔을까?
- 작은 악어의 큰 사랑♡
- 터널을 지나면
- 내 마음의 지도
- 왕 짜증 나는 날

놀이명

옷걸이 상상동물

놀이 배경

역할놀이 영역에서 놀이하던 ○○이가 실수로 일회용 옷걸이를 구부리게 된다. ○○이와 친구들은 옷걸이의 모양이 변형된 것을 들고 교사에게 달려온다. 교사는 모양이 변형된 철사 옷걸이를 활용한 동화를 유아들과 탐색한다.

놀이 목표

- 자신의 생각을 말로 설명한다.
- 친구의 의견을 경청한다.
- 협동하여 옷걸이 상상동물을 만든다.

놀이 자료

「옷걸이로 놀아요」 노사카 유카쿠/아람
일회용 옷걸이, 크레파스, 셀로판지, 스카치테이프, 색지

놀이 시작

- 교사는 옷걸이로 놀아요 동화를 들려주고 동화의 주요 장면들을 회상해 본다.
  - 옷걸이가 어디에 사용되는 물건일까요?
  - 옷걸이가 무엇으로 변할 수 있었나요?

놀이 전개

- 옷걸이를 이용해 만들 수 있는 도형 이야기 나눈다. 교사는 옷걸이를 탐색하도록 시간과 기회를 제공한다.
  - 옷걸이에는 어떤 도형과 공간이 있나요?
  - 어떤 새로운 도형을 만들 수 있나요?
  - 유아는 자신이 발견한 옷걸이의 특성을 친구들에게 설명한다.

- 모둠별로 의논하여 옷걸이 상상동물을 만든다. 유아 간 상호작용이 잘 이루어지도록 교사가 모둠의 의견조율 과정을 가까이에서 관찰한다.
  - 유아 자신이 생각한 상상의 동물을 모둠의 유아들과 함께 이야기 나눈다.
  - 서로 의논하여 함께 구성할 상상의 동물을 결정한다.
  - 만들기 과정에서 유아 각자의 역할을 정하고 협동한다.
  - 옷걸이의 도형과 공간을 활용해 여러 도형을 만든다.
  - 평면에 색지위에 만들어진 도형으로 협동작품을 만들어 본다.
  - 입체로도 표현해 본다.

놀이 마무리

- 모둠별로 완성된 옷걸이 상상동물을 유아들 앞에서 말로 설명하도록 한다. 모둠활동에 협력을 통한 의사결정과 의견 조율에서의 경험을 이야기 나눈다.
  - 모둠으로 협동작품을 만들 때 어려운 점이 있었나요?
  - 다음에는 협동작품을 할 때 어떤 점을 주의하면 좋을까요?

놀이 연계

- 모둠활동으로 일상의 물건을 활용한 놀이를 구성하여 즐겁게 놀이한다.
- 유아 간의 의견교환과 의사표현이 원활하게 이루어지도록 교사가 지속적으로 지원한다.

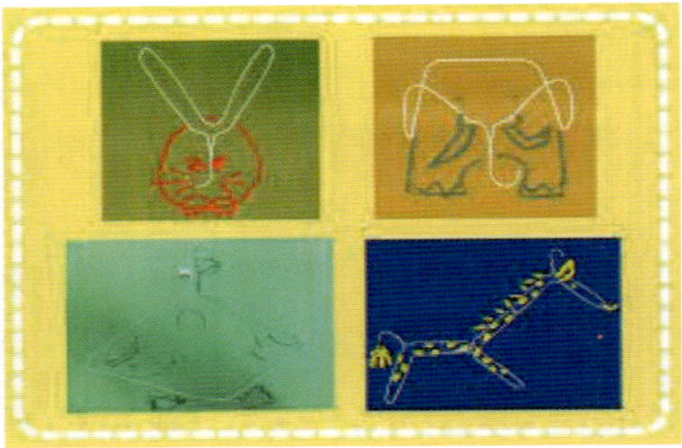

놀이명

택배가 왔어요!

놀이 배경

○○이는 어제 ○○로봇 장난감을 생일선물로 받은 경험을 친구들과 이야기 나눈다. ○○이는 택배아저씨가 벨을 누를 때부터 너무 행복했었다고 이야기하며 기억을 회상한다. 이야기를 들은 다른 유아들도 택배를 받고 열어본 경험과 감정을 이야기 나눈다.

놀이 목표

- 택배를 통해 배송되는 물건의 특징을 안다.
- 물체의 특징에 따른 배송방법을 언어로 설명한다.

준비물

『상자세상』 윤여리 글/이명하 그림

택배상자, 배송씰링, 포스트잇

10 Chapter 언어교육의 실제

놀이 시작

- 교사는 유아들의 택배 경험 이야기를 경청하고 발문을 통해 자신의 경험을 친구들에게 이야기하도록 돕는다.
  - 택배를 받은 경험이 있나요?
  - 어떤 물건을 택배로 받았나요?
  - 택배는 어떻게 배송이 되나요?

놀이 전개

- 교사는 유아들의 택배 이야기를 듣고 택배와 관련된 상자세상 동화를 읽고 이야기를 나눈다.
  - 무엇을 하던 상자들인가요?
  - 택배상자는 무엇을 담고 싶었을까요?

- 교사와 유아는 택배로 배송될 수 있는 물건들을 찾아보고 특징을 관찰해 본다.
  - 택배로 보낼 수 있는 물건은 어떤 것이 있나요?
  - 우리 주변에 택배로 배송될 수 있는 물건(얼음, 김치, 계란 등) 어떤 특징을 가지고 있나요?

- 만약에 물건을 택배로 배송한다면 어떤 방법으로 포장하여 보낼 수 있을지를 유추하여 이야기 나눈다.
  - 얼음처럼 차가운 물건은 어떻게 보내면 될까요?
  - 김치처럼 냄새나는 물건은 어떻게 보내면 될까요?
  - 계란이나 유리처럼 깨지기 쉬운 물건은 어떻게 보내면 좋을까요?
  - 그렇게 생각한 이유는 무엇인가요?

놀이 마무리

- 교사와 유아와 함께 택배 배송과 물건 특성 간의 관계를 살펴 본 과정에 관해 이야기 나눈다.
  - ㅇㅇ이는 물건의 특성에 따라 어떻게 택배로 보낼 수 있었나요?
  - 다음에는 어떤 물건을 택배로 보내고 싶나요?

놀이 연계

- 교사와 유아는 자신들이 배송하는 방법을 생각한 물건들을 직접 포장해 보기로 한다. 배송을 위해 필요한 정보들을 찾아본다.

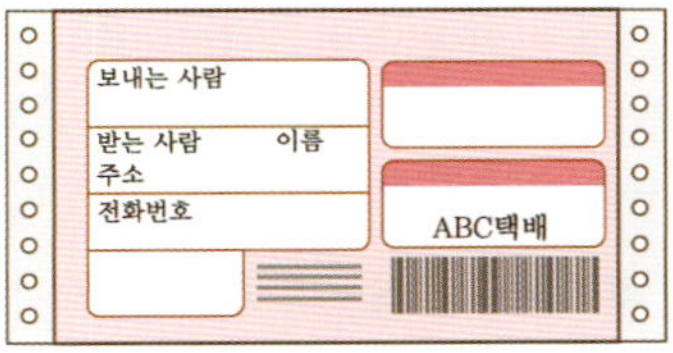

놀이명

모자를 보았어!

놀이 배경

유아 2명이 언어영역의 모자를 보았어 동화를 읽고 있다. 유아들은 동화가 재미있다며 교사에게 다시 읽어달라고 요청한다. 교사가 동화를 읽기 시작하면서 몇몇의 유아들이 동화를 듣기 위해 모인다.

놀이 목표

- 하나뿐인 모자를 거북이 2마리 모두가 착용할 수 있는 방법을 찾아본다.
- 자신의 해결책을 언어로 표현한다.

준비물

『모자를 보았어』 존 클라센 그림 · 글/서남희 옮김/시공주니어

역할영역의 모자

놀이 시작

- 교사는 모자를 보았어 동화를 유아들과 상호작용하며 읽고, 동화의 내용에 관해 이야기 나눈다.
  - 거북이들은 무엇을 보았나요?
  - 거북이들은 모자를 어떻게 생각하나요?
  - 둘 다 가지지 못하는 모자를 어떻게 하기로 하나요?
  - 거북이는 지는 해를 보며, 잠을 자며 무슨 생각을 하나요?

놀이 전개

- 교사는 동화를 통해 유아들이 거북이가 가지게 된 문제를 탐색하도록 발문한다.
  - 거북이가 가지는 문제는 무엇인가요?
  - 거북이 중 누구 하나가 모자를 가져가면 어떤 마음이 생길까요?
  - 거북이 중 한 마리만 모자를 가지지 못하는 이유는 무엇인가요?

- 교사는 유아들의 해결안 떠올리기를 돕기 위해 역할영역에서 모자 실물을 가져와 유아들에게 제공한다.
- 교사는 실제 모자를 보며 유아들이 거북이의 모자 문제 해결방법을 생각하도록 이야기 나눈다.
  - 두 마리의 거북이가 모자를 어떻게 할 것 같은가요?
  - 두 마리의 거북이 모두가 만족하는 방법은 무엇인가요?
  - 또 다른 해결방법이 있나요?

- 교사는 유아들이 문제를 해결하기 위한 다양한 아이디어들을 경청하고 기록한다.
- 유아들이 자신의 아이디어 중 가장 좋은 방법을 찾도록 교사는 발문한다.
  - 우선적으로 실행하기 쉬운 해결방법은 무엇일까요?
  - 해결방법을 실행했을 때 좋은 점은 무엇일까요
  - 나쁜 점은 무엇인가/어떤 문제가 발생할까요?
  - 다른 방법으로 해결안을 실행할 수 있을까요?
  - 새로운 방법은 무엇인가요?

놀이 마무리

- 유아들과 논의하여 선택한 해결안을 이야기하고 실행한다면 어떤 결과가 나타날지 이야기 나눈다.
  - 두 마리의 거북이 모두가 행복할 수 있는 해결방법은 무엇인가요?

놀이 연계

- 두 마리의 거북이 모두 만족할 수 있는 특별한 모자를 만든다.

놀이명

내 모자 어디 갔을까?

놀이 배경

유아들이 언어영역에서 내 모자 어디 갔을까 동화를 함께 읽고 있다. 동화를 다 읽은 ○○이는 "곰이 토끼로부터 모자를 찾게 되었지?" 의문을 가지게 되고, 놀이를 지켜보던 교사는 유아들에게 이야기 상상하기를 제안한다.

놀이 목표

- 곰이 모자를 찾게 된 방법을 상상한다.
- 모자 찾기 문제의 해결방법을 찾아본다.
- 모자를 찾게 된 과정을 이야기로 표현한다.

10 Chapter 언어교육의 실제

준비물

『내 모자 어디 갔을까』 존 클라센 그림 · 글/서남희 옮김/시공주니어

전지, 그리기 도구

놀이 시작

- 교사는 유아들과 내 모자 어디 갔을까 동화를 읽고, 동화의 내용에 관해 이야기 나눈다.
  - 곰이 잃어버린 것은 무엇일까요?
  - 곰은 모자를 어떻게 찾고 있나요?
  - 동화책에서 모자를 찾았나요?

놀이 전개

- 교사는 곰이 모자를 찾게 되는 과정 중 상세한 이야기가 포함되지 않은 장면 동화를 멈추고 발문을 통해 유아의 궁금증을 유발한다.
  - 곰과 친구들은 곰의 모자를 찾았나요?
  - 처음부터 모자를 찾지 못한 이유가 있을까요?
  - 토끼는 어떻게 모자를 가지게 되었을까요?

- 곰이 갑자기 자신의 모자를 찾는 과정에는 숨은 이야기가 있을 것임을 이해하고 곰이 모자를 찾는 과정을 상상하여 이야기 나눈다.
- 교사는 유아들의 이야기를 말, 글, 그림 등 다양한 방법으로 표현할 수 있음을 안내한다.
  - 곰이 모자를 찾게 된 방법은 무엇인가요?
  - 곰이 모자를 찾는 과정을 상상해 봅시다.
  - 곰이 모자를 찾는 과정을 상세하게 이야기해 봅시다.
  - 마인드맵에 그림으로 그려 친구들과 함께 이야기 나눠 봅시다.

놀이 마무리

- 유아들은 자신이 상상한 곰의 모자 찾기 과정의 이야기를 발표한다.
  - 자신이 만든 곰의 모자 찾기 이야기를 발표하고, 다른 친구들의 이야기도 들어 봅시다.

놀이 연계

- 동화에서 곰이 모자를 찾는다는 사실을 알고 있으면서 모르는 척하는 토끼의 마음에 관해 이야기를 나눈다.

놀이명

작은 악어의 큰 사랑♡

놀이 배경

햇살반 유아들은 다문화를 경험한 적이 없다. 햇살반에는 부모님의 국적이 다른 유아도 없으며 장애통합 교실도 아니다. 햇살반 유아들은 다문화를 직접 경험하고 있지는 않지만, 교사는 사람마다 모습과 생각이 다를 수 있다는 것을 동화를 통해 알려주고 싶어 한다.

놀이 목표

- 나와 다름을 인정하고 존중한다.
- 문제를 인식하고 해결하는 방법을 탐색한다.
- 자신의 생각을 말과 그림으로 표현한다.

준비물

『작은 악어의 큰 사랑』 다니엘라 쿨롯 글 · 그림/ 유혜자 옮김

활동지

놀이 시작

- 교사는 키 작은 악어의 큰 사랑 동화를 준비하여 유아들에게 읽어준다. 동화구연이 끝난 후 동화의 내용에 관해 이야기 나눈다.
  - 악어와 기린은 어떤 점이 달랐나요?
  - 둘은 어떤 사이인가요?
  - 악어와 기린은 함께 살기 위해 어떻게 했나요?

놀이 전개

- 동화를 통해 악어와 기린이 이사를 결심하게 되면서 발생하는 문제들을 찾아 이야기 나눈다.
  - 악어의 집에 기린이 이사를 오게 되면서 어떤 문제가 생겼나요?
  - 기린의 집에 악어가 이사하게 되어 문제가 해결되었나요?
  - 기린의 집에서 악어는 어떤 어려움이 생겼나요?

- 교사는 유아와 함께 키 작은 악어와 키 큰 기린이 함께 살아가기 힘들어한다는 사실을 발견하고 해결안을 이야기 나눈다.
  - 악어와 기린이 함께 살기 어려운 이유가 무엇인가요?
  - 악어와 기린이 간절히 바라는 것은 무엇인가요?
  - 악어와 기린이 행복하게 살아가는 방법은 무엇일까요?
  - 또 다른 해결방법이 있나요?
  - 내가 생각한 해결방법의 좋은 점/나쁜 점은 무엇인가요?
  - 또 다른 문제점이 발생하지는 않나요?
  - 실제로 이 방법을 실행하는 데 어려움이 있나요?

놀이 마무리

- 자신의 해결방법 나누기
  - 작은 악어와 큰 기린이 행복할 수 있는 방법은 무엇이 있을까요? 친구들에게 소개해 봅시다.

놀이 연계

• 키 작은 악어와 키 큰 기린이 행복하게 사는 방법을 직접 실행해 본다.

영유아 언어교육

놀이명

터널을 지나면

놀이 배경

유아들은 언어영역의 터널 동화를 교사에게 가지고 온다. 유아들은 교사에게 읽어달라고 요청한다. 교사가 동화를 읽자 다른 유아들도 동화를 듣기 위해 모인다.

놀이 목표

- 동화를 듣고 터널 이후의 세계에 관해 상상한다.
- 상상한 것을 언어로 표현한다.

준비물

『터널』앤서니 브라운 글·그림/장미란 옮김/논장

그리기 도구, 터널 조형물(의자와 종이 이용)

놀이 시작

- 교사는 유아들에게 터널 동화를 들려준다. 교사는 유아들의 상상력을 자극하기 위해 동생이 오빠를 찾기 위해 터널에 들어가는 장면의 페이지에서 이야기를 멈춘다.
  - 오빠는 어디로 들어갔나요?
  - 터널 뒤에는 어떤 세상일까요?

놀이 전개

- 교사는 유아들의 상상놀이를 지원하기 위해 전지와 의자를 연결하여 터널을 만든다. 유아들이 자유롭게 터널을 통과하면서 터널 뒤에 펼쳐질 세상을 상상하도록 돕는다.
  - 동생이 들어간 터널을 우리 함께 따라 들어가 볼까요?

- 교사와 유아들은 터널을 지나면 나타나는 세계 상상하여 이야기를 나눈다.
  - 터널을 나왔더니 어떤 세계가 있었나요?
  - 동생은 오빠를 만날 수 있었을까요?
  - 터널을 나오고 난 다음의 이야기는 어떻게 되었을까요?

- 교사와 유아들은 터널을 지나면 나오는 상상의 세계를 그림으로 표현하여 동화의 의야기를 완성한다.
  - 자신이 상상한 터널을 지나고 만난 세상을 도화지에 그림으로 표현해 볼까요?
  - 이 세계는 어떤 곳일까요?
  - 이 세계는 무엇이 살고 있을까요?

놀이 마무리

- 유아들은 자신의 만든 터널 뒤 상상의 세계 소개한다.
  - ○○이는 어떤 세계를 상상했나요?
  - 터널을 지나고 난 다음 이야기는 어떻게 되었나요?

놀이 연계

- 유아들이 만든 상상의 이야기에 나오는 세상을 교실에 있는 다양한 재료들을 활용하여 구성해 본다. 상상의 세계를 무대삼아 역할극을 진행한다.

놀이명

내 마음의 지도

놀이 배경

교사는 지난 시간 유아들과 여러 가지 감정에 관해 탐색하였다. 교사와 유아들은 상황에 따라 다양한 감정이 있다는 것을 이해할 수 있었다. 자신의 감정과 마음상태에 관해 관심을 가지도록 동화를 들려준다.

놀이 목표

- 마음의 공간을 지도로 표현한다.
- 나의 마음을 알아본다.

준비물

『나의 지도책』 사라 파넬리 지음/ 김산 옮김/서남동

보물 지도판, 그리기 재료, 꾸미기 재료

놀이 시작

• 교사는 나의 지도책을 유아들과 읽고, 동화 속의 지도를 탐색한다.
  - 나의 배 속 지도는 어떤가요?
  - 나의 하루 일과 지도는 어떤가요?
  - 나의 얼굴지도는 어떤가요?

놀이 전개

• 교사는 유아와 함께 지도의 개념을 알아보고 지도의 개념과 공간의 표현에 관해 이야기 나눈다.
  - 동화의 지도에는 어떤 이야기가 숨어 있나요?
  - 지도를 본 경험이 있나요?
  - 나라, 강, 산, 바다 등을 구체적으로 그린 지도도 있지만 생각을 지도로 나타낼 수 있음을 이야기 나눈다.

• 유아는 지도판 혹은 팝업북을 펼쳐 나의 마음 지도의 지도를 그려본다.
  - 나의 마음 지도는 어떤 모습일까요?
  - 나의 마음 지도에는 어떤 이야기가 있나요??
  - 그림으로 나의 마음 지도를 그려볼까요?

• 자신을 표현할 수 있는 마음(좋아하는 것, 싫어하는 것, 좋아하는 사람, 기쁠 때, 우울할 때, 슬플 때, 행복한 일, 무서운 것, 사랑하는 사람 등)이 있다는 것을 이해한다.

놀이 마무리

• 유아가 만든 나의 마음 지도를 소개한다.
  - 나만의 마음 지도를 소개한다.
  - 자신의 생각을 지도로 표현할 수 있음을 이해한다.
  - 자신이 만들고 싶은 지도에 관해 이야기 나눈다.

놀이 연계

- 나의 마음 외에도 다른 사람의 마음을 알아보기 위해 인터뷰를 하고 다른 사람(친구, 부모님, 동생 등)의 마음 지도를 그려본다.

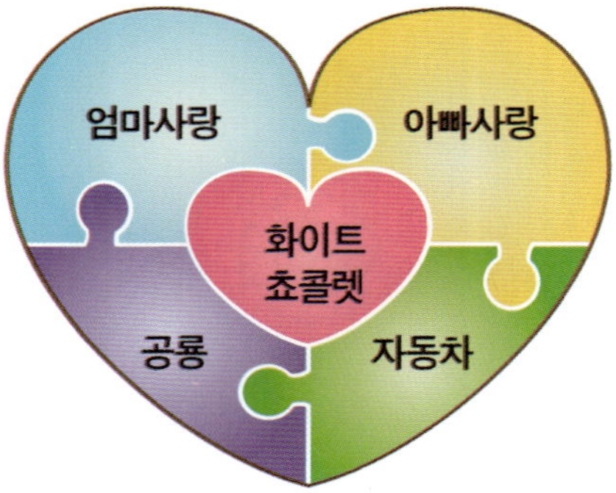

놀이명

왕 짜증나는 날

놀이 배경

ㅇㅇ이는 요즘 들어 친구들에게 자주 짜증을 낸다. 자신의 공간에 다른 친구가 들어와도 짜증, 먹고 싶지 않은 반찬이 나와도 이유를 말하지 않고 짜증을 낸다. 유치원에서 뿐만 아니라 가정에서도 요즘 들어 짜증 부쩍 늘었다고 한다.

놀이 목표

- 짜증나는 감정을 이해한다.
- 나의 감정을 알고 표현한다.

준비물

『왕 짜증나는 날』 아미 크루스 로젠달 글/게베카 도티 그림/유경희 옮김/주니어 김영사

감정 인형 카드

놀이 시작

- 교사는 ○○이와 친구들에게 왕 짜증나는 날 동화를 함께 읽어본다. 교사와 유아는 동화를 읽고 내용을 탐색한다.
  - 왕 짜증나는 날의 기분은 어떠한가요?
  - 어떤 날 왕 짜증나는 날인가요?

놀이 전개

- 교사는 유아의 짜증을 느꼈던 경험에 관해 이야기 나눈다.
  - 어떤 일을 할 때 짜증을 느끼나요?
  - 짜증이 날 때 나는 어떻게 행동했나요?
  - 그렇게 행동하고 난 다음 나는 어떠했나요?
  - 행동하고 난 다음 주변 사람들의 반응은 어떠한가요?

- 교사는 유아들에게 '짜증나는 나'에게 나타나는 변화를 생각해 보고 신체적 · 정서적 변화를 살펴보도록 한다.
  - 짜증 날 때의 상황을 생각해 볼까요?
  - '짜증나는 나'의 몸은 어떤 변화가 나타날까요?
  - 그림과 말로 나의 몸 변화(얼굴이 빨개짐, 심장이 쿵쾅거림, 소리를 지르고 싶어 함 등)를 표현해 볼까요?

- 교사와 유아는 짜증을 해소하는 방법을 생각해 보고 이야기 나눈다.
  - 누가 어떻게 하니까 짜증이 없어졌나요?(엄마가 위로해줌, 시간이 지나니까 좋아짐, 마음의 드는 옷을 입지 않음)

- 짜증이 해소되고 난 다음의 나의 몸의 변화를 이야기 나눈다.
  - 짜증이 풀리고 난 다음 나의 몸은 어떠한가요?
  - 그림과 말로 나의 몸 변화(빨간색이 없어짐, 심장이 조용함, 작은 소리로 이야기하고 싶어짐)를 표현해 볼까요?

놀이 마무리

- 교사는 짜장날 때와 짜증이 해소될 때를 비교하여 직접적인 몸의 변화를 유아들과 알아보고, 유아들의 그림을 통해 변화를 비교해 본다. 교사는 감정이 행동으로 표현될 수 있음을 알려주고, 표현하는 방법에 관해 이야기 나눈다.
  - 감정의 변화는 어떤 행동으로 나타났나요?
  - 짜증이 날 때와 짜증이 해소될 때 나의 기분을 알 수 있나요?
  - 짜증이 날 때 어떻게 표현하면 좋을까요?

놀이 연계

- 짜증 이외의 감정에 관해 경험을 이야기 나눔으로 다양한 감정이 있음을 알고, 표현 방법을 이야기 나눈다.

3. 사고도구 언어놀이

언어는 인간의 사고를 위한 도구로 생득적으로 타고난 인간 고유의 능력이다. 인간의 사고 과정은 자신의 생각과 감정을 표현하고 정보를 받아들이고 감정을 이해하는 언어를 사용하면서 시작되고, 언어는 일련의 활동들이 계발과 발전을 거듭하면서 공적인 창의적 결과물로 완성된다. 언어는 영유아기 사고의 표현이자 논리적인 사고의 방법이 될 수 있다. 논리적인 사고는 연습과 훈련하는 것이 가능하며, 영유아기의 논리적 사고를 구현하는 언어놀이는 그 필요성이 강조된다. 영유아가 많은 자료 속에서 문제를 발견하고 스스로 문제의 다양한 해답을 찾아보고 가장 좋은 대안을 찾아보는 사고의 과정은 언어를 통해 논리적으로 정리하고 표현될 수 있다. 따라서 영유아기의 언어놀이는 무엇을 생각하기보다 어떻게 생각해야 하는가에 대한 해답으로 확산적 · 수렴적 사고의 도구이다.

- 비밀 동물원 지도
- 나만의 비밀요리
- 동물은 어디에서 행복할까?
- 광고 제작사
- 나를 소개해요

놀이명

비밀 동물원 지도

놀이 배경

교사는 미리 준비한 비밀 동물원 지도를 바닥에서 발견하며, 상황극을 통해 유아들의 관심과 흥미를 유발한다. 교사가 준비한 비밀 동물원의 지도에는 기호로 동물들의 우리가 표시되어 있다.

놀이 목표

- 의미를 포함하는 상징을 이해한다.
- 기호와 동물의 특징을 기호로 표현한다.
- 기호로 표현한 이유를 논리적으로 설명한다.

준비물

네임펜, 동물원 기호 활동지, 화이트 보드

놀이 시작

- 교사는 동물원 지도를 주웠다는 상황을 설명하고 유아들의 동물원에 다녀온 경험으로 이야기를 시작한다.
  - 동물원에 다녀온 경험이 있나요?
  - 동물원에는 어떤 동물들이 있었나요?
  - 비밀지도에 동물원을 그려놓았다고 합니다.

놀이 전개

- 교사는 동물원 지도 예시를 통해 동물원에서 동물을 기호로 알려주고 있음을 이야기 한다. 동물의 특징을 기호로 표현한 지도를 유아들은 탐색한다.
  - 여기에 비밀동물원 지도가 떨어져 있네요.
  - 비밀동물원 지도에는 어떤 기호가 그려져 있나요?

- 교사는 유아들과 함께 동물의 특징을 포함하고 있는 기호를 살펴본다.
  - 기호에서 동물의 특징을 담고 있다고 해요. 어떤 동물의 우리일까요?
  - 그렇게 생각하는 이유는 무엇인가요?(거미는 다리가 8개이군요)
  - 다른 동물들의 우리를 발견할 수 있나요?
  - (이유와 근거를 이야기하면 모두가 정답)

- 교사와 유아는 상징을 활용한 동물원 지도를 구성하는 방법을 이야기 나눈다. 유아가 동물 특징을 포함하는 기호를 구성하여 동물원 지도를 완성하도록 안내한다.
  - 동물의 특징에 따라 기호로 표현할 수 있나요?

- 교사는 유아에게 기호를 구성한 이유가 무엇인지 물어 논리적 설명의 기회를 제공한다.
  - 그렇게 표현한 이유는 무엇인가요?
  - 비밀동물원에는 어떤 일들이 있나요?

놀이 마무리

- 유아는 각자 표현한 비밀 동물원 지도를 설명한다. 동물의 특징을 포함하는 기호와 표현한 이유를 소개한다.
  - 자신의 동물기호와 표현한 이유를 소개해 줄 수 있나요?

놀이 연계

- 상황과 의미를 포함하는 상징이 사용되고 있는 다양한 분야(분리배출 마크, 교통 안전 기호 등)를 탐색한다.

놀이명

나만의 비밀요리

놀이 배경

유아 3명이 역할영역에서 가상놀이를 진행하고 있다. 가상놀이는 주방에서 이루어지고 있는 놀이로 저녁을 준비하는 엄마와 아이들의 역할로 이루어지고 있다. 엄마는 한참 저녁을 만들다가 언어영역에서 요리책을 가져와 요리 방법이 생각나지 않는다며 책을 펼쳐 요리방법을 찾아본다.

놀이 목표

- 요리책의 구성과 특징을 이해한다.
- 나만의 요리방법을 책으로 표현한다.

준비물

『요리책』 샌드위치 팝업북, 그리기 도구

놀이 시작

- 가상놀이에서 사용된 요리책에 유아들이 관심을 가지는 것을 본 교사는 함께 요리책을 탐색해 볼 것을 제안한다.
  - 요리해 본 경험이 있나요?
  - 요리책을 본 경험이 있나요?
  - 요리책은 언제 사용하나요?
  - 요리책에는 어떤 내용이 있나요?

놀이 전개

- 유아들은 상상하여 나만의 요리 방법을 구성하기고 싶다고 이야기한다. 교사는 상상의 요리책 만드는 방법에 관해 이야기 나눈다.
  - 어떤 비밀요리를 책에 담고 싶나요?
  - 그 이유는 무엇인가요?

- 교사는 유아들과 어떤 재료가 어떤 요리에서 무슨 맛이 날 것인지를 이야기 나눈다. 교사는 구성된 나만의 요리방법을 팝업북에 기록하도록 안내한다.
  - 누구를 위한 요리인가요(상황, 사람, 맛 등)?
  - 비밀재료는 무엇이 필요한가?
  - 어떤 방법으로 만들어지나요?
  - 언제 만들고 싶은 요리인가요?

놀이 마무리

- 상상의 요리책을 구성한 유아들은 자신의 요리책을 소개한다.
  - ○○이는 누구를 위한 어떤 요리 방법을 생각해 냈나요?
  - 언제 비밀요리를 만들고 싶나요?

놀이 연계

- 가상의 요리 레시피를 다양한 재료(만들기 재료, 마트 광고지의 사진 등)를 활용하여 상상의 음식으로 만들어 놀이한다.

놀이명

동물은 어디에서 행복할까?

놀이 배경

교실에서 유아들은 주말지낸 이야기를 나눈다. ㅇㅇ이가 지난 주말 부모님과 함께 동물원에 다녀온 이야기를 한다. 하지만 ㅇㅇ이는 동물원의 동물들이 원래부터 동물원에 살았으며, 자연은 동물들의 집이 아니라고 이야기한다.

놀이 목표

- 동물들의 마음을 유추해 보고 공감한다.
- 자신의 생각을 말과 글로 표현한다.

준비물

영화 『마다가스카』/드림웍스 (4분–15분)

전지, 매직

놀이 시작

- 교사는 ○○이의 이야기를 듣고, 동물원의 동물과 자연에서의 동물에 관해 생각할 수 있는 영화 『마다가스카』를 제공한다.
  - 동물들은 어디에서 살고 있었나요?
  - 동물들에게 무슨 일이 일어났나요?

놀이 전개

- 교사는 유아들이 동물들의 마음을 유추하도록 발문하여 상호작용한다.
  - 네 마리의 동물은 어디에서 도망을 나왔나요?
  - 왜 동물원을 나가고 싶었나요?
  - 동물원에 남고 싶은 동물이 있었나요?
  - 동물들은 왜 나가지 않고 동물원에서 살고 싶어 할까요?

- 교사는 동물들이 어디에서 살아야 할지에 관한 자신의 생각을 이야기하도록 발화의 기회를 제공한다.
- '동물들은 동물원에서 사는 것이 행복할 것이다'와 '동물들은 원래 살던 자연으로 돌아가서 자유롭게 살아야 한다' 등의 의견을 이야기 하도록 자유스러운 발화의 분위기를 조성한다.
  - 동물원은 동물들을 필요한 곳이다/동물원은 동물들에게 필요하지 않은 곳이므로 자연으로 돌려보내줘야 한다.
  - 팀으로 나누어 이유를 전지에 말 혹은 그림으로 표현한다.
  - 동물원에서 살면 좋은 점은 무엇인가요? 동물원에서 살면 나쁜 점은 무엇인가요?
  - 자연으로 돌아가서 살면 좋은 점은 무엇인가요? 자연으로 돌아가서 살면 나쁜 점은 무엇인가요?
  - 모둠별로 생각을 모아 종이에 의견을 정리하도록 한다.
  - 반대되는 의견이 있으면 의견을 제시하고 부연 설명한다.

놀이 마무리

- 교사는 유아들이 자신의 의견을 표현하고 설명하도록 이야기를 나눈다. 다른 친구의 의견도 경청하도록 지도한다.
  - 다른 친구의 의견을 듣고 바뀐 생각이 있나요?
  - 내 생각에는 동물들을 위해 동물원이 필요한가요?/ 자연으로 돌려보내줘야 하나요?
  - 의견을 제시하고 다른 사람의 의견을 존중하는 태도를 갖는다.

놀이 연계

- 유아는 반대 의견이 되어봄으로써 다른 사람의 의견과 이유를 알아보고 다시 자신의 의견을 종합해 보는 경험을 해 본다.

놀이명

광고 제작사

놀이 배경

ㅇㅇ이가 △△광고송을 흥얼거리며 놀이하고 있다. 지켜보던 다른 유아가 자신도 △△광고를 안다고 이야기하며 다시 먹고 싶어진다고 말한다.

놀이 목표

- 광고의 기능을 이해한다.
- 우리반을 광고하는 언어를 구성한다.

준비물

△△광고 동영상, 전지, 필기구, 카메라

놀이 시작

- 교사는 유아들의 이야기를 듣고 광고에 관한 경험을 이야기 나눈다.
  - 기억에 남는 광고가 있나요?
  - 평소 좋아하는 광고가 있나요?

놀이 전개

- 유아들이 좋아하는 △△광고 동영상을 감상한다. 교사는 유아들이 광고를 충분히 탐색하도록 시간을 주고 광고의 구성을 탐색한다.
  - 광고 동영상에는 어떤 내용이 있었나요?
  - 광고는 영상외에 무엇으로 구성되어 있나요?(소리, 자막, 그림 등)
  - 광고는 어떤 기능이 있을까요?

- 광고는 상품의 정보를 알리는 기능이 있음을 이해하고 광고에서 사용되는 설명하는 말을 찾아본다.
  - 광고에서는 △△을 어떻게 설명하나요?

- 교사는 유아들과 함께 우리반을 알리는 광고를 만든다. 우리반을 광고할 내용을 정하고, 내용을 표현하기 위한 문구 혹은 행동 등을 찾아본다.
  - 우리반을 광고하고 싶은 내용이 있나요?
  - 우리반을 대표하는 것으로 무엇을 선택할 수 있나요?
  - 우리반 광고에 포함하고 싶은 표현이 있나요?
  - 우리반 광고는 말 이외에 어떤 것을 넣으면 좋을까요?(노래, 그림, 마크 등)
  - 우리반 광고를 다른 사람들이 보면 어떨까요?

- 교사는 유아들이 협동하여 제작한 광고를 동영상으로 찍어준다.

놀이 마무리

- 교사는 유아들의 우리반 광고 동영상을 게시하여 함께 감상한다.
  - 우리반의 어떤 점을 알려주고 싶었나요?
  - 광고를 통해 다른 사람들도 우리반을 이해할 수 있을까요?

놀이 연계

- 동영상 광고를 게시할 수 있는 방법을 찾아보고 경험한다(인터넷 광고, 교실에서 상영 등).

놀이명

나를 소개해요

놀이 배경

ㅇㅇ이는 엄마의 명함을 들고와 친구들에게 보여준다. 명함을 구경하기 위해 유아들이 모이게 되었고 교사는 유아들과 함께 명함을 탐색한다.

놀이 목표

- 나를 알리는 명함의 기능을 안다.
- QR코드 명함으로 나를 소개할 수 있다.

준비물

명함종이(도화지1/2), 그리기 도구, 카메라

놀이 시작

- 교사와 유아들은 ㅇㅇ이가 가져온 명함을 살펴본다.
  - 명함을 본 경험이 있나요?
  - 명함은 언제 사용되나요?
  - 명함은 누가 사용하나요?

놀이 전개

- 교사는 모니터에 명함을 확대하여 제시하고 유아들이 탐색하도록 한다. 교사는 유아들과 함께 명함에 들어있는 내용과 이유를 이야기 나눈다.
  - 예시 명함을 탐색한다.
  - 명함에는 어떤 정보가 있나요?
  - 이름. 전화번호, 주소는 왜 적혀 있을까요?
  - 자신을 알리기 위해서는 어떤 내용이 필요할까요?

- 교사는 유아들과 자신의 명함에 넣고 싶은 내용을 이야기 나눈다. 나를 표현할 수 있는 것이 무엇이 있을지 생각해 본다.
  - 무엇으로 나를 표현할 수 있나요?
  - 나의 명함에는 어떤 정보를 넣으면 좋을까요?
  - 나의 명함의 정보는 어떻게 표현할까요?

- 교사는 유아들이 그림으로 표현한 명함을 사진으로 찍어 QR코드 명함으로 완성한다.
  - QR코드가 무엇일까요?
  - QR코드를 사용해 본 적 있나요?
  - 자신의 명함을 QR코드로 만들어볼까요?
  - 자신만의 QR코드를 디자인한다.
  - 그림을 스캔하여 QR코드 내용으로 저장한다.

놀이 마무리

- 교사는 유아들이 자신의 명함으로 친구에게 자신을 소개해 본다.
- 자신의 특징을 알릴 수 있는 명함을 자신 있게 소개한다.

놀이 연계

- 명함 이외에 나를 소개하는 영상을 제작하여 발표해 본다.

개나리 유치원 햇님반
엄마(엄마얼굴 그림)를 제일 사랑하는
김하늘
전화번호: 유치원 교무실로 전화하세요.

참고문헌

강선화(2001). 포트폴리오 평가를 통한 유아의 총체적 언어교육에 관한 연구. 경기대학교 교육대학원 석사학위논문.

강성화, 김경회(2013). 영유아를 위한 언어지도. 동문사.

고문숙, 권도하, 권민균, 김수향, 임영심, 정정희(2014). 영유아를 위한 언어지도. 양서원.

곽금주, 박혜원, 김정택(2001). K-WISC-Ⅲ 실시요강. 도서출판 특수교육.

교육과학기술부(2011). 유치원 기본과정 내실화를 위한 인성교육 프로그램. 교육과학기술부.

교육부(2019). 유치원 교육과정 고시문 2019 개정 누리과정(안).

구정아(2009). 가정문식환경과 유아의 문식성 발달 간의 관계. 이화여자대학교 대학원 석사학위논문.

권성민, 강명화, 공영미, 곽은복, 윤혜영, 최윤지(2019). 유아사회교육. 양성원.

김경의, 김민정, 이선경(2015). 영유아 언어지도. 학지사.

김경후(2010). 가정의 문식환경과 유아의 언어능력과의 관계. 원광대학교 교육대학원 석사학위논문.

김수임(2019). 보육 · 교육현장 중심 영유아 언어지도. 창지사.

김승국, 김옥기(1985). 사회 성숙도 검사. 중앙적성출판사.

김영실, 김진영, 김소양(2006). 영유아를 위한 언어지도. 공동체.

김영실, 윤진주, 곽경화(2018). 영유아를 위한 언어교육. 공동체.

김윤순(2018). 생각뇌를 키우는 히브루타. 경향BP.

김은심, 조정숙(2015). 영유아 언어교육의 실제. 정민사.

김정완(2013). 언어발달을 돕는 우리아이 언어지도. 한국학술정보.

김정은, 한희정, 하선혜, 서은주, 김근혜(2019). 영유아 언어지도. 동문사.

김정화(2009). 유아교육 현장에서 문학적 접근 프로그램이 유아의 언어 · 사고능력 증진에 미치는 효과. 가야대학교 교육대학원 석사학위논문.

김향숙(2007). 수학과 창의성 계발을 한 발문의 실제. 경문사.

김현자, 이영, 이영숙, 서화니(2018). 영유아 언어지도. 양서원.

남규, 최은영, 장석경(2018). 균형적 접근에 기초한 영유아 언어지도. 공동체.

노영희, 김창복, 전유영(2019). 영유아 언어교육. 서원.

류은영(2009). 내러티브와 스토리텔링: 문학에서 문화콘텐츠로. 인문콘텐츠, 14, 229-262.
류재호, 유구오(2009). EBS 특별기획 다큐멘터리 아기 성장 보고서. 예담friend.
마송희(2006). 문학을 활용한 음운인식프로그램 개발 연구. 육아지원연구, 1(2), 91-110.
마쯔이 다다시(1990). 어린이와 그림책. 이상금 역. 샘터(원본 발간일 1973년).
문수백, 변창진(1997). K-ABC 해석요강. 학지사.
문용린(1995). 종합학습능력검사. 대구교육과학연구소.
박경숙, 윤점룡, 박효정(1989). 기초학습기능검사(실시요강). 도서출판 특수교육.
박경자(2001). 유아행동관찰. 학지사.
박소화(2012). 스토리텔링 기반 교수설계 원리 및 모형 탐색. 서울대학교 대학원 박사학위논문.
박시주(2002). 균형적인 읽기, 쓰기 프로그램이 유아의 언어 및 사고능력 발달에 미치는 효과. 대구가톨릭대학교 교육대학원 석사학위논문.
박영아, 박희수, 강민희(2015). 유아발달. 공동체.
박주영(2010). Bayley 영유아발달검사(III)를 이용한 고위험군 영아의 발달검사. 인제대학교 대학원 석사학위논문.
박혜경, 김영실, 김진영, 김소양(2001). 유아언어교육. 양서원.
백윤희(2016). 영유아의 기질 및 어머니의 성격 · 양육태도에 따른 영유아 언어발달 특성. 용인대학교 재활복지대학원 석사학위논문.
보건복지부(2013). 3세 누리과정 교사용 지도서 ②. 보건복지부.
보건복지부(2013). 제3차 어린이집 표준보육과정.
보건복지부(2017). 2017 어린이집 평가인증 안내: 3차 통합지표. 한국보육진흥원.
서동미, 엄은나, 박성희, 이혜경(2018). 영유아 언어교육. 정민사.
서소정 문혁준, 김민희, 김정희, 이종신, 강인숙, 박경선(2018). 아동언어지도. 창지사.
서소정(2018). 아동언어지도. 창지사.
서소정, 문혁준, 김민희, 김정희, 이종신, 강인숙, 박경선(2017). 아동언어지도. 창지사.
서정숙, 김정원(2008). 유아 문학교육 프로그램. 창지사.
성미영, 권윤정, 유주연(2015). 영유아 언어지도. 학지사.
성미영, 유주연, 이세라피나(2022), 제4차 표준보육과정을 반영한 언어지도, 학지사.
성현란, 이현진, 김혜리, 박영신, 박선미, 유연옥, 손영숙(2000). 인지발달. 학지사.
송경섭, 김현경(2019). 영유아 언어교육. 학지사.
송호경(2019). 만 2세 영아의 스마트기기 사용경험과 가정문해환경이 언어발달에 미치는 영향: 표현어휘와 문법 사용을 중심으로. 가톨릭대학교 교육대학원 석사학위논문.
신명희, 강소연, 김은경, 김정민, 노원경, 서은희, 송수지, 원영실, 임호용(2016). 유아발달. 학지사.

신유정(2004). 가정의 소득 수준과 교실 문해 환경이 아동의 인쇄물 개념에 미치는 영향. 연세대학교 대학원 석사학위논문.

신은희(2009). 유아 언어발달 인적 지원 환경 평가 도구 개발. 숙명여자대학교 대학원 박사학위논문.

신희선, 한경자, 오가실, 오진주, 하미나(2002). **한국형 Denver-II 검사지침서**. 현문사.

엄태식, 조정은(2011). **영유아 언어교육**. 태영출판사.

오선영, 최영해(2017). **영유아 언어지도**. 정민사.

위영희(2004). 유아문해교육에 대한 접근방법 탐색. **서원대학교 교육대학원 교육논총**, 9, 95-116.

유민임, 오성숙(2018). **영유아를 위한 언어교육**. 양서원.

육길나(2010). **동화구연을 활용한 아동 문학교육**. STN.

육아정책연구소(2018). '유아교육 혁신방안'에 근거한 누리과정 개정(안). 세미나자료 2018-12.

윤복희, 김은영, 박혜경, 최일선(2013). **영유아 언어교육**. 공동체.

이경우(1998). **좋은 그림책을 활용한 창의력 개발**. 한국교육정보.

이경우, 장영희, 이차숙, 노영희, 현은자(1997). **유아에게 적절한 그림책**. 양서원.

이경화, 조순옥, 김정원, 심은희, 이연규, 이문정(2003). **유아 언어교육**. 창지사.

이경화, 조순옥, 김정원, 심은희, 이연규, 이문정(2009). **영유아를 위한 언어교육**. 창지사.

이대균, 김주영, 임자영, 박지선(2018). **영유아 언어교육**. 공동체.

이대균, 백경순, 송정원, 이현정(2010). **유아 문학교육**. 공동체.

이미정(1999). 사회극적놀이에서 나타나는 유아의 쓰기 기능 분석. 한국교원대학교 대학원 석사학위논문.

이송은(2006). 2세 영아의 책에 대한 의미 탐색. 중앙대학교 대학원 박사학위논문.

이영자(2013). **유아 언어발달과 지도**. 양서원.

이영자, 이금구(2018). **영유아 언어교육 이론과 실제**. 양서원.

이영자, 이기숙, 이정욱(2010). **유아 교수 · 학습방법**. 창지사.

이영자, 이종숙(1985). 비지시적 지도방법에 의한 유아의 읽기와 쓰기 행동의 발달. **덕성여자대학교 논문집**, 14, 367-402.

이윤희, 권옥경, 김순희, 김옥순, 김은숙, 김춘자, 김해연, 박종례, 서경희, 안명숙, 이승후, 황규명(2009). **영유아 문학교육 및 활동**. 창지사.

이은해, 이기숙(1996). **유아교육 프로그램 평가척도: 교사를 위한 활용 지침서**. 창지사.

이지현, 마송희, 김수영, 정정희(2009). **영유아를 위한 언어교육**. 공동체.

이지현, 마송희, 김수영, 정정희(2017). **영유아를 위한 언어교육**. 공동체.

이차숙(1995). **효과적인 유아 문식성 지도를 위한 이론적 탐색연구**. 유아교육연구.

이차숙(2000). 초기 읽기지도의 개념적 모형. **유아교육연구**, 20(1), 5-25.

이차숙(2005). 유아언어교육의 이론과 실제. 양서원.
이차숙(2007). 유아언어교육의 이론과 실제. 학지사.
이하원, 박희숙, 원선아(2018). 언어지도. 창지사.
이화도(2009). 유아인지발달. 창지사.
임미선(2018). 유아교육개론. 공동체.
임양금(2005). 유아의 이름글자를 활용한 균형 잡힌 문자 언어 접근법의 효과. 원광대학교 대학원 박사학위논문.
장희정(2016). 언어발달지도. 창지사.
장희정(2017). 언어발달지도. 창지사.
전경원(2000). 유아종합창의성검사 요강. 학지사.
전남련, 황연옥, 이혜배, 강은숙, 권경미(2011). 아동관찰 및 행동연구. 양서원.
전유영(2011). 균형적 접근법에 기초한 유아언어교육 프로그램의 구성 및 적용 효과. 중앙대학교 대학원 박사학위논문.
전은애(2008). 다문화가정의 어머니-아동 상호작용과 어머니 문화적응차원과의 관계. 서울대학교 대학원 석사학위논문.
정남미(2015). 유아언어교육. 창지사.
정재연(2014). 가정과 연계한 도서 대여활동이 유아의 언어 창의성과 언어 표현력에 미치는 영향. 강남대학교 교육대학원 석사학위논문.
조우리(2009). 저소득가정의 환경자극이 만 2~3세아의 수용·표현 어휘력에 미치는 영향. 경기대학교 교육대학원 석사학위논문.
조정숙, 김은심(2001). 유아 언어교육. 교문사.
조정숙, 유향선, 김은심(2007). 유아 언어교육의 이론과 실제. 파란마음.
주영희(2001). 유아언어 발달과 교육. 동문사.
최명희(2016). 영유아교사를 위한 인성지침서 교사다움. 공동체.
한국교육심리학회(2000). 교육심리학용어사전. 학지사.
한국보육진흥원(2019). 2019 어린이집 평가 매뉴얼. 한국보육진흥원.
한국유아교육학회(1996). 유아교육사전. 한국사전연구사.
한국유아교육학회(1997). 유아교육학 사전(용어 편). 한국사전연구사.
한유미, 김혜선, 권희경(2022), 2019 개정 누리과정에 따른 영유아 언어교육의 이해, 학지사.
한유미, 김혜선, 권희경, 양연숙, 박수진(2006). 영유아 언어교육의 이해: 이론과 실제. 학지사.
한인균(2008). 국어매체와 언어교육연구. 강원대학교 대학원 석사학위논문.
한지연(2009). 그림책 읽기 방식에 따른 영아의 반응에 관한 질적 연구. 숭실대학교 교육대학원 석사학위논문.

홍영덕(2018). 언어의 기원과 중요성에 관한 사회학적 고찰. 충북대학교 대학원 석사학위논문.

홍혜경, 김명화, 김정아, 김세주, 김현정(2017). 영유아 언어교육. 학지사.

황은순(2010). 균형적 언어교육 접근에 기초한 유치원 문해 프로그램이 초등학교 1학년 읽기 · 쓰기에 미치는 효과. 덕성여자대학교 대학원 박사학위논문.

황현이(2005). 가정의 소득수준과 아동의 언어능력 및 가정문해환경. 연세대학교 대학원 석사학위논문.

황현정(2013). 동화를 통한 다문화가정 어머니의 한국어 교육을 위한 가정-어린이집의 연계프로그램 모형 개발. 총신대학교 교육대학원 석사학위논문.

Allen, R. V.(1973). *The language experience approach in perspective on elementary reading: Principals and strategies of teaching.* New York: Harcourt Brace Jovanovich.

Anderson, G. S.(1984). *A whole language approach to reading.* Boston: University Press of America Inc.

Arnett, J.(1989). *Caregivers in day-care centers: Does training matter.*

Blair-Larsen, S., & Williams, K.(1997). *The balanced reading program: Helping all students achieve success.* Newark, DE: International Reading Association.

Blosser(1991). *How to ask right Questions.* Washington DC: NSTA.

Bromley, K.(1988). *Language arts: Exploring connections.* Needham Heights, MA: Allyn and Bacon.

Brown, R.(1965). *Social psychology.* New York: Free Press.

Chomsky, M.(1986). *Knowledge of language: Its nature, origin, and use.* London: Praeger.

Chomsky, N.(1965). *Aspects of the Theory of Syntax.* Cambridge, Mass: MIT Press.

Clay, M.(1991). *Becoming literate: The construction of inner control.* Portsmouth NH: Heinemann.

Cole, G. P., & Chan L.(1994). *Teaching principles and practice second edition australia.* Prentice Hall of Australia Pty Ltd.

Cole, P. G., & Chan, L. K. S.(1987). *Teaching principles and practice.* NJ: Prentice Hall. 권낙원(역)(1994). 수업원리 실제. 성원사.

Cowen, J. E.(2003). *A balanced approach to beginning reading instruction: A synthesis of six major U.S. research studies.* Newark, DE: International Reading Association.

EBS 아기성장 보고서 제작팀(2009). 제4부 언어습득의 비밀. 예담.

Edelsky, C., Altwerger, B., & Flores, B.(1991). *Whole Language: What's the difference?* Portsmouth, NH: Heinemann.

Ekwall, E. E., & Shanker, J. L.(1989). *Teaching reading in the elementary school(2nd ed.)*. Englewood Cliffs, NJ: Macmillian Publishing Company.

Flanders, N. A.(1970). *Analyzing teaching behavior*. Oxford, England: Addison-Wesley.

Goldfield, B. A.(2000). Nouns before verbs in comprehension vs. production: The view from pragmatics. *Journal of child Language, 27*, 501-520.

Goodman, K. S., & Goodman, Y. M.(1979). *Learning to read is natural*. Paper Presented at the Conference on Theory and Practice of Beginning Reading Instruction.

Halliday, M.(1975). *Learning how to mean: Exploration in the development of language*. London: Edward Arnold.

Harris, T., & Hodges, R.(Eds.)(1995). *The literacy dictionary*. Newark, DE: International Reading Association.

Hollander, E. P.(1995). Organizational leadership and followship: the role of interpersonal relation. In P. Collect & A. Fumha(Eds.), *Social Psychology at work: Essays in honour of Michael Argyle*. Routledge, London.

International Reading Association(2010). *Standards for Reading Professionals*. Newark, DE: International Reading Association.

Jalong, M. R.(2000). *Early Childhood Language Arts*(3rd ed.). Needham Heights, MA: Allyn and Bacon.

Joanne, L., & Richard, T.(2005). *Reading and learning to Read(5th ed.)*. Boston: Allyn & Bacon.

Katz, G. L.(1984). The professional early childhood teacher. *Young Children, 39,* 3-10.

Konotos, S., & Wilcox-Herzog, A.(1997). Teacher's Interactions with children: why are they so important?. *Young Children, 52,* 4-12.

Lamme, L, L., & Racker, A. L.(1986). Bookreading behaviors of infants, *The Reading Teacher, 39*(6), 504-509.

Malamah, A. T.(2004). **효과적인 수업을 위한 교실 상호작용**. 안종훈, 정미화 역. 범문사.(원전 1991년 출판)

McIntyre, E., & Pressley, M.(Eds.)(1996). *Balanced instruction: Strategies and skills in whole language*. Norwood, MA: Christopher-Gordon.

McKoon, G., & Ratcliff, R.(1992). Inference during reading. *Psychological Review, 99,* 440-466.

National Reading Panel Report(2000). *Teaching children to read. Washington,* D.C.: National Institute of Child Health and Human Development.

Nettles, D. H.(2006). *Comprehensive literacy instruction in today's classrooms: the whole, the parts, and the heart.* Pearson Education Inc.

Raven, J. N.(1997). *Phonics and whole language: Friends or foes?(Opinion Papers).* San Rafael, CA: Dominican College School of Education.

Reutzel, D. R., & Cooter, R. B.(2008). *Teaching children to read: The teacher makes the difference(5th ed.).* Upper Saddle River, NJ: Pearson.

Ruddell, R. B., & Ruddell, M. R.(1995). *Teaching children to read and write: Becoming an influential teacher.* Boston: Allyn & Bacon.

Skinner, B. F.(1957). *Verbal behavior.* Englewood Cliffs, NJ: Prentice Hall.

Sulzby, E. A.(1990). Assessment of emergent writing and children's language while writing. In L. S. Morrow & J. K. Smith(Eds.), *Assessment for instruction in early literacy.* Prentice-Hall.

Vygotsky, L. S.(1978). *Mind in Society: The Development of Higher Psychological Process.* Cambrige, MA: Harvard University Press.

Walter, E. S.(2009). *Growing Up with Literature(5th ed.).* New York: Delmar.

Weaver, C.(1994). *Reading process and practice.* Portsmouth, NH: Heinemann.

Wortham, S. C.(2001). *Assessment in early childhood education.* Upper Saddle River, NJ: Merrill/Prentice Hall.

Wortham, S.(1998). *Early childhood curriculum: Developmental bases for learning and teaching.* Upper Saddle River, NJ: Merrill.

찾아보기

저 / 자 / 소 / 개

■ **이신주**

신라대학교 대학원 유아교육과(교육학박사)
현, 수성대학교 유아교육과 교수
〈저서〉 놀이지도 외 다수

■ **모아라**

숙명여자대학교 대학원 아동복지학과(문학박사)
현, 성결대학교 사회복지학과 객원교수
〈저서〉 영유아발달, 보육교사인성론 외 다수

■ **이소현**

공주대학교 대학원 유아교육학과(교육학박사)
현, 대구가톨릭대학교 유아교육과 교수
〈저서〉 영유아발달, 보육교사인성론 외 다수

■ **이은정**

동덕여자대학교 대학원 아동학과(아동학박사)
현, 경동대학교 유아교육과 교수
〈저서〉 영유아발달, 주제 중심의 통합적 교육 외 다수

■ **최윤지**

계명대학교 대학원 유아교육학과(교육학박사)
현, 대구과학대학교 유아교육과 교수
〈저서〉 아동생활지도, 유아사회교육, 아동건강교육 외 다수

■ **홍은숙**

경기대학교 대학원 유아교육학과(교육학박사)
현, 신안산대학교 아동보육과 교수
〈저서〉 아동안전관리, 보육실습 외 다수

[개정판]

영유아 언어교육

1판 1쇄 발행 — 2019년 9월 6일
2판 1쇄 발행 — 2022년 8월 25일

저 자 - 이신주 · 모아라 · 이소현 · 이은정 · 최윤지 · 홍은숙

발 행 인 - 강철원
발 행 처 - 양성원
주 소 - 경기도 파주시 검산로 173번길 29-20
전 화 - 031-946-3861(代)
팩 스 - 031-946-3864
이 메 일 - tnwpub@naver.com
홈페이지 - tnwpub.co.kr
출판등록 - 2015년 8월 31일 제 2015-000211 호

ISBN 979-11-6126-474-5

정가 20,000원